追寻马可·波罗的足迹

〔法〕桑德琳·米尔扎 著
〔美〕张力 绘
苏迪 译

人民文学出版社
PEOPLE'S LITERATURE PUBLISHING HOUSE

著作权合同登记：图字 01-2022-3714 号

Sur les traces de Marco Polo
©Éditions Gallimard Jeunesse, Paris, 2010
text by Sandrine Mirza
illustration by Marcelino Truong

图书在版编目（CIP）数据

追寻马可·波罗的足迹 /（法）桑德琳·米尔扎著；（美）张力绘；苏迪译. —北京：人民文学出版社，2017（2023.1 重印）
（历史的足迹）
ISBN 978-7-02-012605-7

Ⅰ.①追… Ⅱ.①桑… ②张… ③苏… Ⅲ.①马可·波罗（Marco Polo 1254-1324）-传记-儿童读物 Ⅳ.① K835.465.89-49

中国版本图书馆 CIP 数据核字（2017）第 068943 号

责任编辑　朱卫净　王皎娇
书籍装帧　高静芳

出版发行　人民文学出版社
社　　址　北京市朝内大街 166 号
邮政编码　100705

印　　制　上海盛通时代印刷有限公司
经　　销　全国新华书店等

字　　数　61 千字
开　　本　889 毫米 ×1194 毫米　1/32
印　　张　3.75
版　　次　2017 年 10 月北京第 1 版
印　　次　2023 年 1 月第 5 次印刷

书　　号　978-7-02-012605-7
定　　价　49.00 元

如有印装质量问题，请与本社图书销售中心调换。电话：010-65233595

追寻马可·波罗的足迹

致大卫与阿黛尔

桑德琳

目　录

启程	9
行走在波斯	21
从沙漠到高山	33
觐见忽必烈	45
大汗的皇宫	55
丝绸、稻米和黄金	65
宋	74
蓝色的王妃	83
印度探险	93
返回威尼斯	105
《马可·波罗行纪》	116
图片来源	118

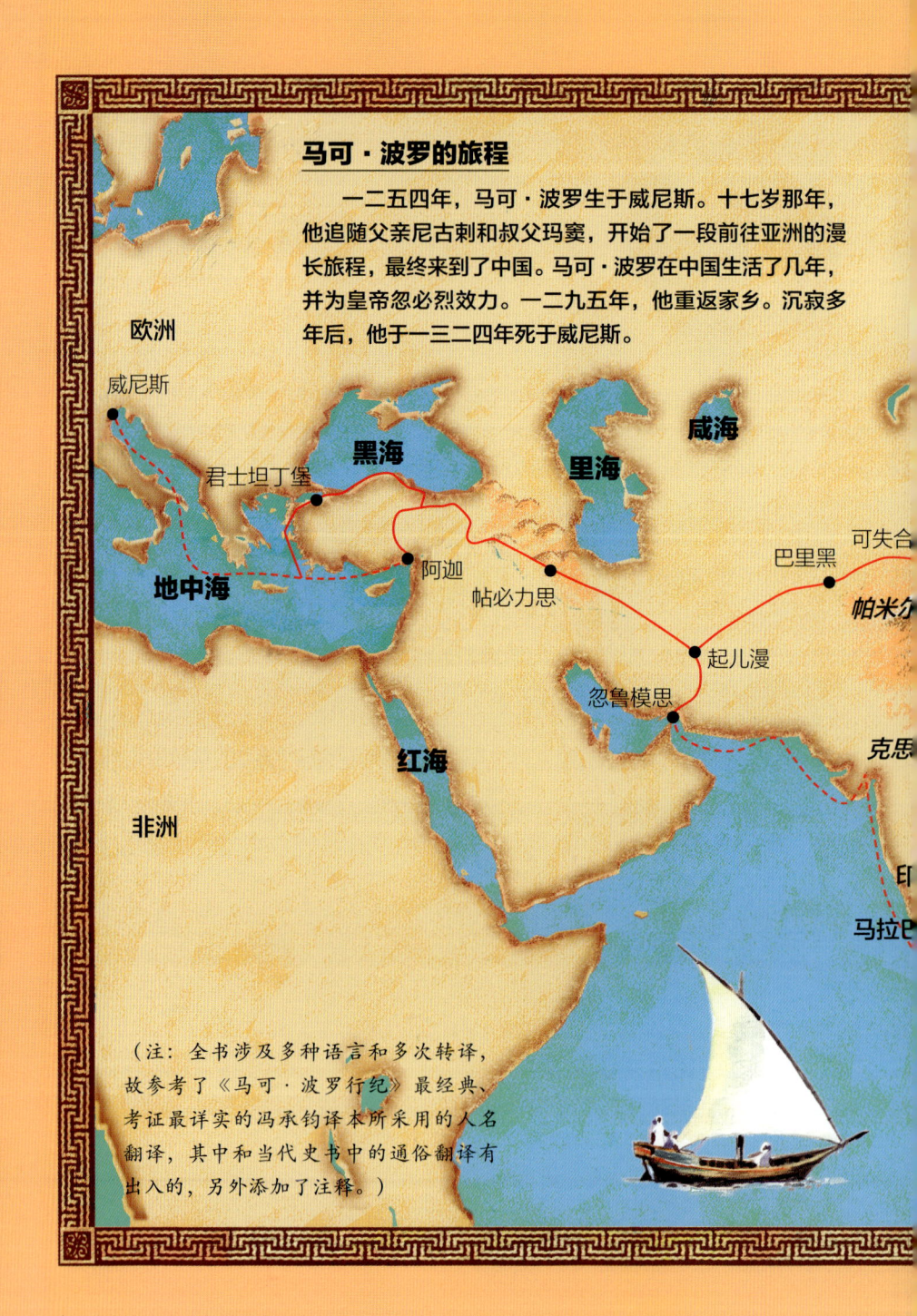

马可·波罗的旅程

一二五四年,马可·波罗生于威尼斯。十七岁那年,他追随父亲尼古剌和叔父玛窦,开始了一段前往亚洲的漫长旅程,最终来到了中国。马可·波罗在中国生活了几年,并为皇帝忽必烈效力。一二九五年,他重返家乡。沉寂多年后,他于一三二四年死于威尼斯。

欧洲
威尼斯
君士坦丁堡
黑海
里海
咸海
地中海
阿迦
帖必力思
巴里黑
可失合
帕米尔
起儿漫
忽鲁模思
克思
红海
非洲
印
马拉巴

(注:全书涉及多种语言和多次转译,故参考了《马可·波罗行纪》最经典、考证最详实的冯承钧译本所采用的人名翻译,其中和当代史书中的通俗翻译有出入的,另外添加了注释。)

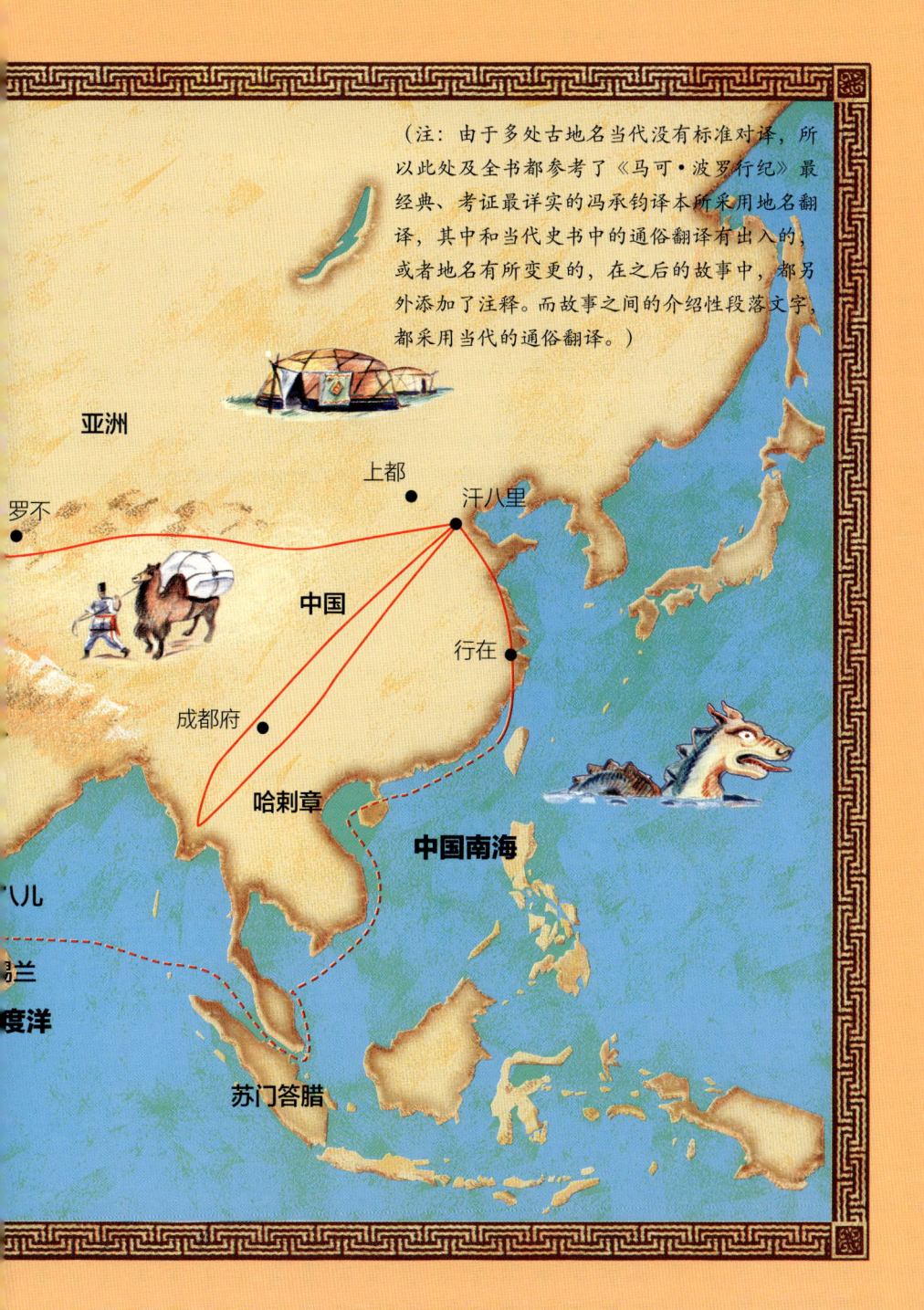

（注：由于多处古地名当代没有标准对译，所以此处及全书都参考了《马可·波罗行纪》最经典、考证最详实的冯承钧译本所采用地名翻译，其中和当代史书中的通俗翻译有出入的，或者地名有所变更的，在之后的故事中，都另外添加了注释。而故事之间的介绍性段落文字，都采用当代的通俗翻译。）

亚洲

罗不

上都
汗八里

中国

行在

成都府

哈剌章

中国南海

八儿

兰

渡洋

苏门答腊

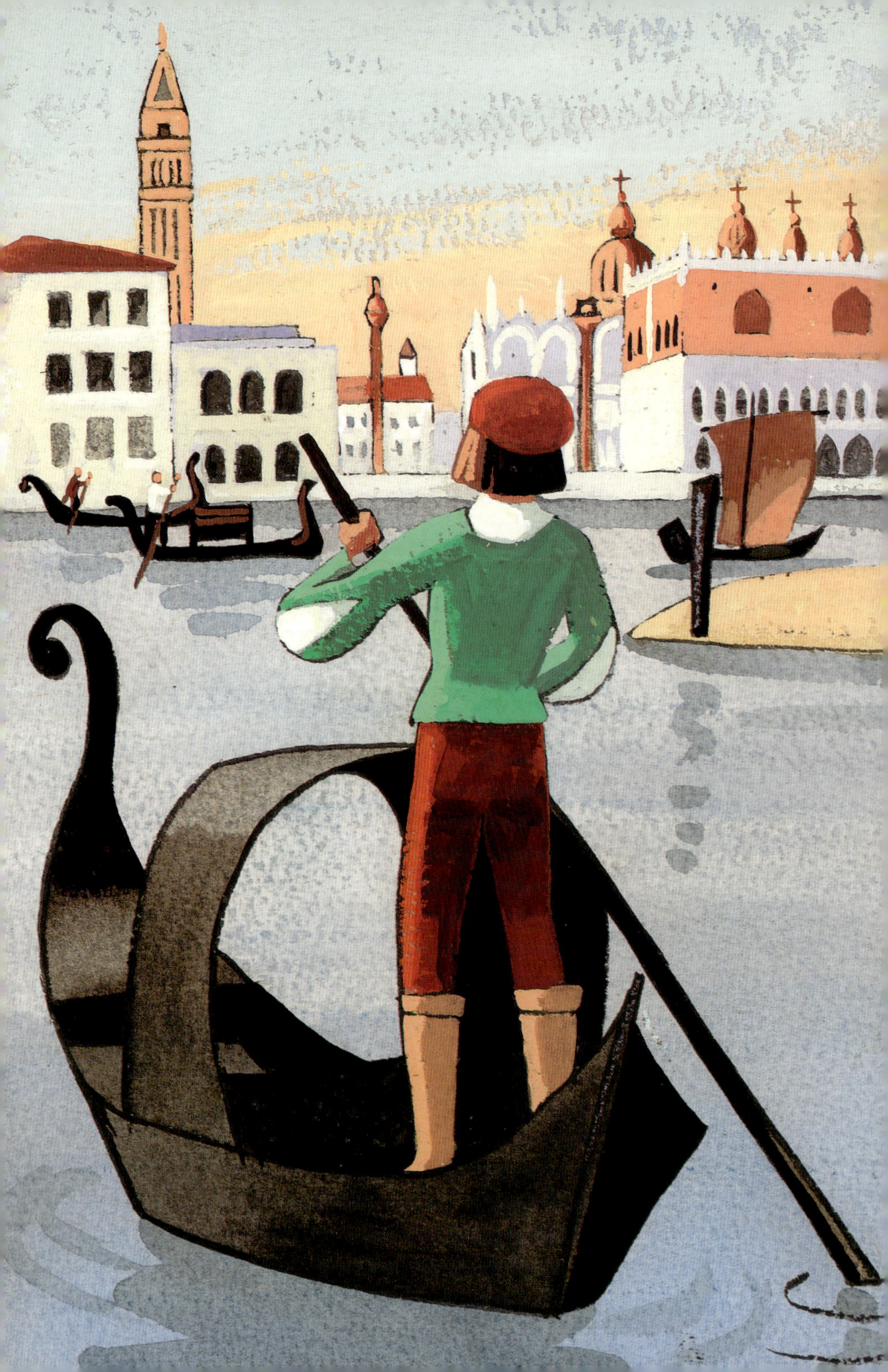

启程

我的童年在威尼斯度过，我热爱我的家乡，我时常在街头混迹。我喜欢走街串巷，喜欢在漂亮府第环绕的广场游荡，喜欢在每一座教堂前驻足。

但我的脚步最终总会把我带到圣马可大广场。广场上矗立着一座高大的要塞，那是**总督**的宫殿、执政官办公的地方，要塞边上就是圣马可大教堂了。我对圣马可大教堂尤其钟爱，因为它是为圣马可专门修建的。他不仅给了我一个令人骄傲的名字，还是我们这座美丽城市的主保圣人。和所有威尼斯人一样，我热爱大海，我常会去**潟湖**边畅想。有时候，我会和水手攀谈，听他们讲述远方的旅程。

我对造船也很感兴趣。我常去工地，看木工和**捻缝工**在船体周围工作。当他们休息的时候，我会上去向他们提问。有位满脸胡楂的老工人给我留下了尤为深刻的印象：

总督： 当时威尼斯的最高行政长官。

潟湖： 因海湾被沙洲封闭而形成的湖泊。

捻缝工： 负责密固船体的工人。

"你们在造什么船?"

"我们在造一条双桅战船,它的船身细长,船桨也很多,所以它能够快速平稳地在大海上航行。因此,它通常被用作战船。然而,我们也造船身宽大的大帆船,它们可以用来运输大量货物。"

"这些木船需要经常维修吗?"

"是的,孩子,木头很容易被海水泡烂。为了不让海藻、贝壳和蛀虫破坏船体,我们必须不停地擦拭。我们还必须填充船缝:用麻絮堵住每一处缝隙,再涂上一层柏油防水。"

我非常喜欢里亚尔托区,它是整座城市最有生命力的地方,来自世界各地的商人都在这里忙碌。里亚尔托区有一座横跨大运河的别致的木桥,琳琅满目的大市场就在木桥边上。我不喜欢听顾客和商人之间的讨价还价,我喜欢去木雕铺看工匠在作坊里工作。金匠所在的街道我是经常去的,举世闻名的无价珍宝都出自那里。

和许多威尼斯人一样,我来自一个相当富裕的商人家庭。我也想在贸易中成就事业,延续父亲尼古剌·波罗的脚步。我还没出生,父亲就已经离开了。这几年来,我完全没有他的消息。他和他的弟弟玛窦一起上了一条前往君士坦丁堡的船。威尼斯人在那里享有与东方世界进行贸易的最大特权。然后，他决定去黑海北岸的**速达克**，接着，我们就失去了他的音讯。尽管令人难过，但这种事情在威尼斯也很常见，出门在外的男人都靠不住。

一二六九年，我十五岁那年，父亲和叔父终于回来了。人们都很意外，因为已经没有人相信他们还会回来，甚至连可怜的母亲也不相信。她几年前已经死了，没能等到与父亲重逢的这一刻。我和父亲开始逐步互相认识，父亲在与我长谈的时候，还讲到了他的游历：

"在速达克，我们的货物卖得不好，玛窦和我决定去东方冒险。我们去了**鞑靼**君主别儿哥的宫殿，他款待了我们，还和我们做了一笔大买卖。"

"父亲，我不懂，那时候你为什么不回来？"

"儿子，确实一年之后，我们曾经想到要回来，但几场重大的政治事件弄乱了我们的计划。别儿哥和他的堂兄弟旭烈兀之间爆发了一场战争，回国的道路由此变得危险重重。另外，**吉那哇人**

速达克：即乌克兰城市苏达克。

鞑靼：曾用于中亚的不同民族，此处指的是蒙古人。

吉那哇：即意大利城市热那亚。

从威尼斯人手里夺回了君士坦丁堡，他们有可能会禁止我们通行。我们等了一段时间，最终只能决定继续向东。我们穿过了一片沙漠，到达了**不花剌**。鞑靼人还在沉溺于战争，我们在这座壮丽的城市停留了三年。有一天，鞑靼人的大统领**忽必烈**派来了一位使者，我们得知他的主人想见**拉丁人**，于是恳请他带我们上路。我们得到了忽必烈的礼遇，他对我们的风俗感兴趣，尤其是基督教，他要我们当

不花剌：即乌兹别克斯坦城市布哈拉。

忽必烈：成吉思汗的孙子，于一二六〇年至一二九四年间，掌控着整个蒙古帝国。

拉丁人：拉丁语系民族。此处指西方基督徒。

他的特使，向教皇传递信息。得到任命之后，我们启程返回。经历了一段漫长的旅程，我们终于在一二六九年四月抵达了**阿迦**。在那里，我们得知教皇**格肋孟多四世**已经死了，为了完成使命，我们必须等待新教皇被选出。利用这段时间，我们回到威尼斯与家人团聚。"

阿迦：即以色列城市阿卡。

格肋孟多四世：即克雷芒四世。

父亲回来之后的那两年，过得平静而又幸福。他再婚了，给我添了一个弟弟。他还继续做着生意，并把我

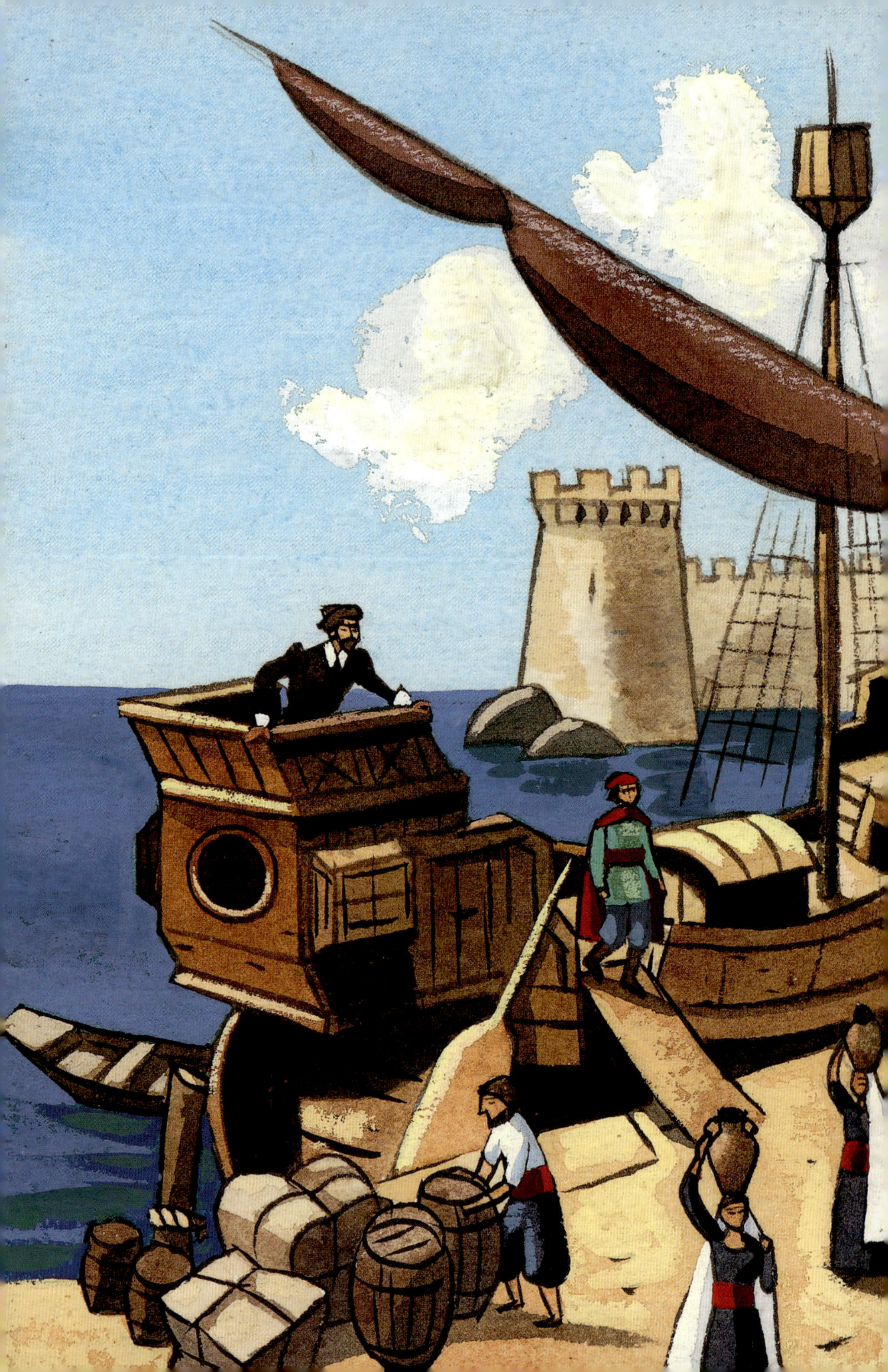

带在身边，教我做买卖的技巧和手段。他已经离开鞑靼人的土地很久了，心里一直惦记着要回去复命。尽管格肋孟多四世的继任者仍然没有被选出，但他还是决定和叔父一起回到忽必烈身边。他问我要不要一起同行，我高兴坏了。十七岁，我终于开始了我的冒险！

父亲警告我，那是一段漫长而又艰险的旅程。我们先要去**圣地**，他对这段路尤其担心，因为他知道，可怕的**玛木鲁克算端比巴儿思**发动了一场针对拉丁人的残忍战争。他告诉我，**乌尔巴诺四世**发动的第八次十字军东征毫无成效，法国国王**路易九世**前些年也死在了前往突尼斯的征途上，**东方拉丁国家**在内部争执中耗尽了最后的力量。然而，这些都无法让我感到畏惧，因为只有大海才能让我满足。

我们到达了阿迦，它是拉丁人掌控的最后港口。我们住进了为威尼斯人预留的区域。

父亲立刻找到了**教廷大使梯博**，并

圣地：基督生活过的地方。

玛木鲁克：即马穆鲁克，担当苏丹个人守卫的突厥奴隶，后来成为了埃及统治者。

算端：即苏丹，一些伊斯兰国家的统治者称号。

比巴儿思：即拜巴尔一世。

乌尔巴诺四世：即乌尔班四世，罗马教皇。

路易九世：即圣路易。

东方拉丁国家：参加十字军的西方君主在圣地建立起来的封建国家。

教廷大使：教皇的官方代表。

梯博：即狄奥波德·维斯孔蒂。

从他那里弄来了一封书信。这封书信将证明，父亲和叔父都很尽责，只因为教皇还没有被选出，所以他们无法完成使命。

为了纪念信奉**景教**的母亲，大汗还要父亲和叔父为他带去一些**圣墓**灯油。因此，我们匆匆去了一趟由**萨拉森人**控制的耶路撒冷。然后，我们又登上了前往**小阿美尼亚**港口**剌牙思**的船。刚到剌牙思，我们就得知教廷大使梯博已经当选了教皇，号称**格烈果儿十世**。于是我们毫不犹豫地返回了阿迦。新教皇亲切地接待了我们，并和我们进行了一次长谈：

"朋友们，如今拉丁人只有和鞑靼人结盟才能对抗玛木鲁克，因此，我需要忽必烈的支持。我想让你们转达我的想法。但我要怎样做才能让他满意呢？"

"大汗渴望了解我们的宗教，他要您派去一百位博士，向他证明基督教的优越性。如果这些人能够说服他，他就会改信。"

"我办不到。我无法派去一百位博士，但我可以让来自**威钦察**的尼古勒修

景教： 由聂斯脱里于431年建立的基督教派。

圣墓： 基督在耶路撒冷的墓。

萨拉森人： 即穆斯林。

小阿美尼亚： 即奇里乞亚亚美尼亚王国。

剌牙思： 即现在的土耳其城市尤穆尔塔勒克。

格烈果儿十世： 即额我略十世。

威钦察： 即意大利城市维琴察。

士和来自**特里波力**的吉岳木修士与你们同行。另外，我将送给他水晶和一些其他珍贵的礼物。"

离别的时候，教皇为我们赐福。然后，我们就启程了。

> **特里波力：** 即黎巴嫩城市的黎波里。

十三世纪的威尼斯是一个非常繁荣的港口,它依靠东西方贸易获得丰厚的利润。同时,这座城市也拥有地中海沿岸最令人生畏的政治和军事力量。

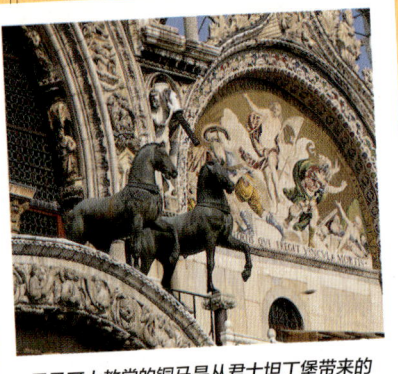

圣马可大教堂的铜马是从君士坦丁堡带来的

威尼斯,最尊贵的共和国

建在海岛上的威尼斯位于潟湖中央,城市中运河纵横。陆地上,错综的道路通向四面八方。城市中的每个区域都以广场为中心,人们会在那里修建教堂。最著名的是圣马可广场,它是威尼斯的政治和宗教中心。城市中也建有大量别致的宫殿,比如黄金宫,它曾是一座镀金的宫殿。

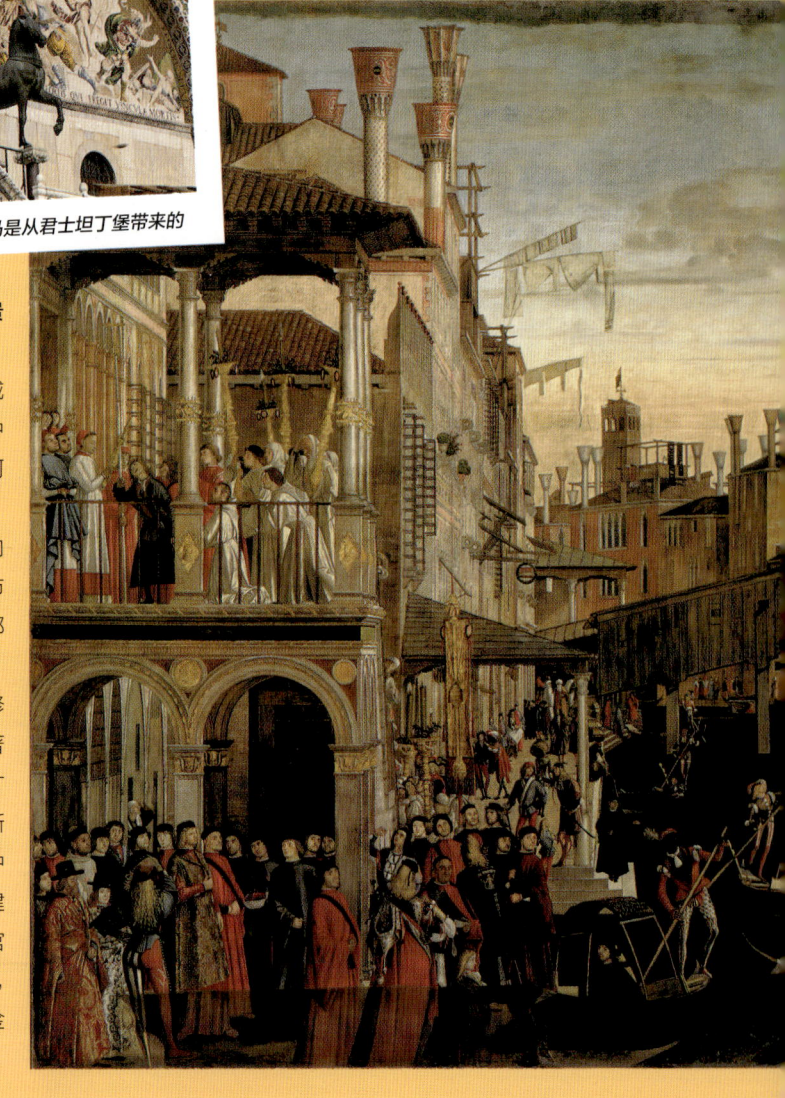

"我非常喜欢里亚尔托区,它是整座城市最有生命力的地方。"

洗劫君士坦丁堡

一二〇四年,在威尼斯总督恩里科·丹多洛的授命下,第四次十字军东征的士兵对拜占庭帝国的首都发动了进攻。尽管君士坦丁堡同样信奉基督教,但它仍然无法幸免,沦陷后,威尼斯人夺走了最精美的艺术品。

掠夺自君士坦丁堡的珍宝

总督的城市

自十三世纪起,只有在金册上记录在案的大家族才有资格进入政府。他们占据大议会,制定法律,选举总督和其他国家机构的成员。威尼斯总督终身任职,代表整个共和国。共和国的纹章是一头长着翅膀的狮子,这头狮子属于城市主保圣人圣马可,它是国家尊严的象征。

里亚尔托区

里亚尔托桥横跨大运河,桥边挤满了商人。他们贩卖香料、珠宝、珍贵布料和穆拉诺岛出产的玻璃制品。

里亚尔托区

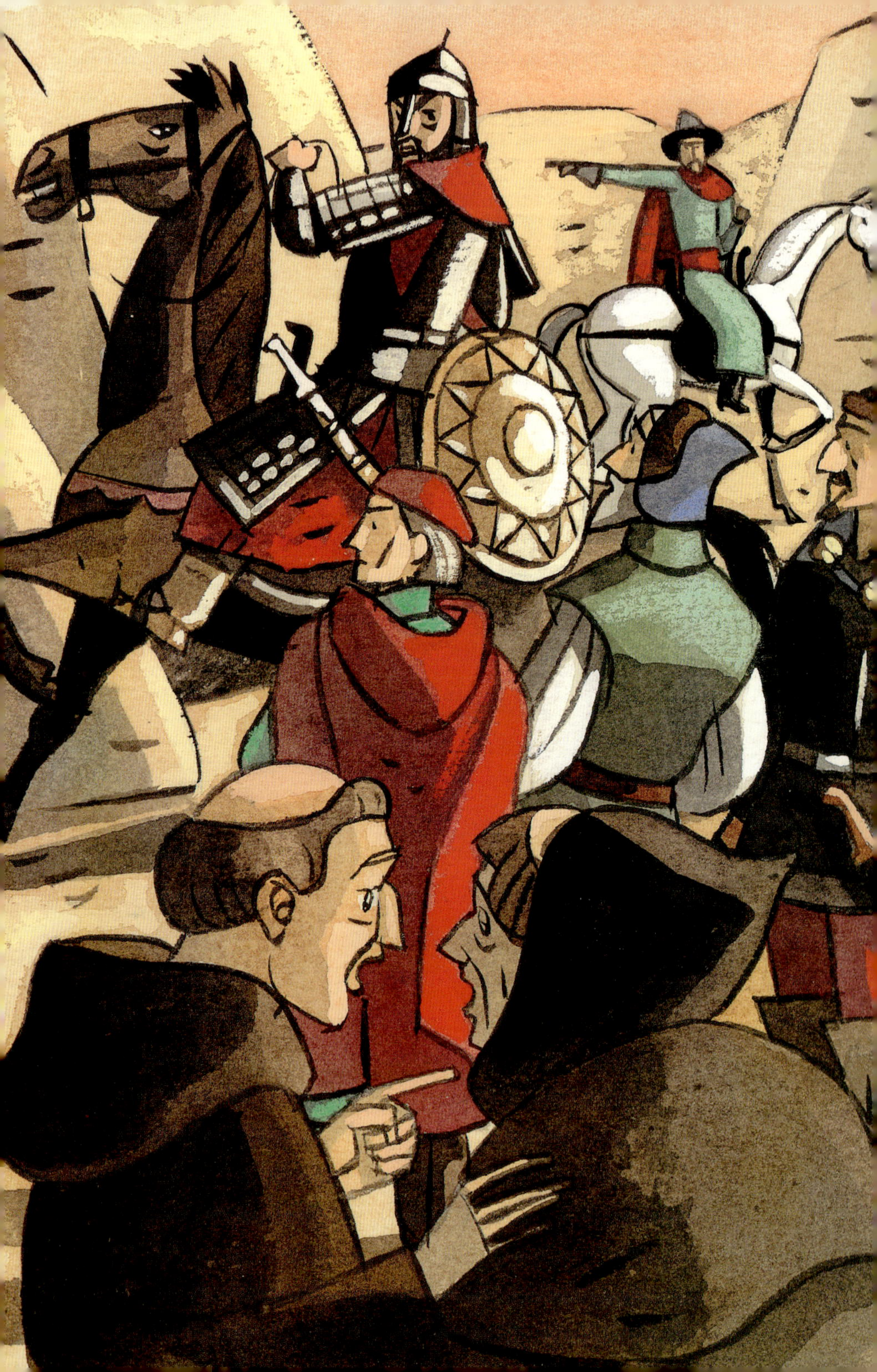

行走在波斯

一二七二年春天，当我们再次到达剌牙思的时候，我们得知，算端比巴儿思刚刚对小阿美尼亚发动了一场战争。两位修士担心自己的安危，拒绝继续前行。他们把教皇的书信和赠予忽必烈的礼物交给了我们，然后自己逃回阿迦去了。至于我们，当然不能半途而废。我们穿过了小阿美尼亚和**突厥蛮州**，后者以盛产良马和千彩华毡闻名。

我们已经进入了大汗的领土，我看见沿路都是**东鞑靼**人的营地。他们的帐篷是圆形的，由木架和毛毡搭建而成。他们在帐篷周围，放养着牛群、马群和羊群。他们还拥有华丽的马车，当他们寻找新牧场的时候，这些马车将被用来运送他们的家眷、房屋和所有财产。

我们沿着**大阿美尼亚**前进，到了**阿儿赞干**之后，我们愉快地休息了一段时

突厥蛮州：即现在的安那托利亚，位于土耳其境内。

东鞑靼：即伊儿汗国或者伊利汗国，蒙古帝国的四大汗国之一。

大阿美尼亚：即亚美尼亚王国。

阿儿赞干：即土耳其城市埃尔津詹。

间,这个地方以热喷泉闻名。我喜欢浸泡在这些天然浴池里。这是我遇到过的最令人愉快的事情……我很享受,它对身体也有好处。

接着,我来到了位于大阿美尼亚与**波斯**边境的**帖必力思**。它是一座美丽绚烂的城市。城市周围,有许多盛产甜蜜鲜果的漂亮果园。它是繁荣的商业中心,基督徒和穆斯林在这里并行。人们说着各式各样的语言,交易来自世界各地的货物。

有一天晚上,当我在市场的小巷里闲逛的时候,我看见了一个人,他正在用碗里的液体点火。

"太神奇了,朋友!这种液体叫什么?"

"这是**谷儿只**出产的**粘油**,它是从地底喷出来的,量很多,而且很容易点燃,因此,当地居民都用它来点灯。它还能当作膏药敷在伤口上面,治疗人和动物身上的**疥癣**、**荨麻疹**和**溃疡**。"

总之,帖必力思是一座极富魅力的城市,城里的各种珍宝让我惊叹不已。我很想多待一段时间,探究所有我不知

波斯: 即现在的伊朗。
帖必力思: 即现在的伊朗城市大不里士。
谷儿只: 即格鲁吉亚。
粘油: 即石油。
疥癣: 一种会引起剧烈瘙痒的皮肤病。
荨麻疹: 一种会引起红肿和瘙痒的皮肤病。
溃疡: 无法结疤的伤口。

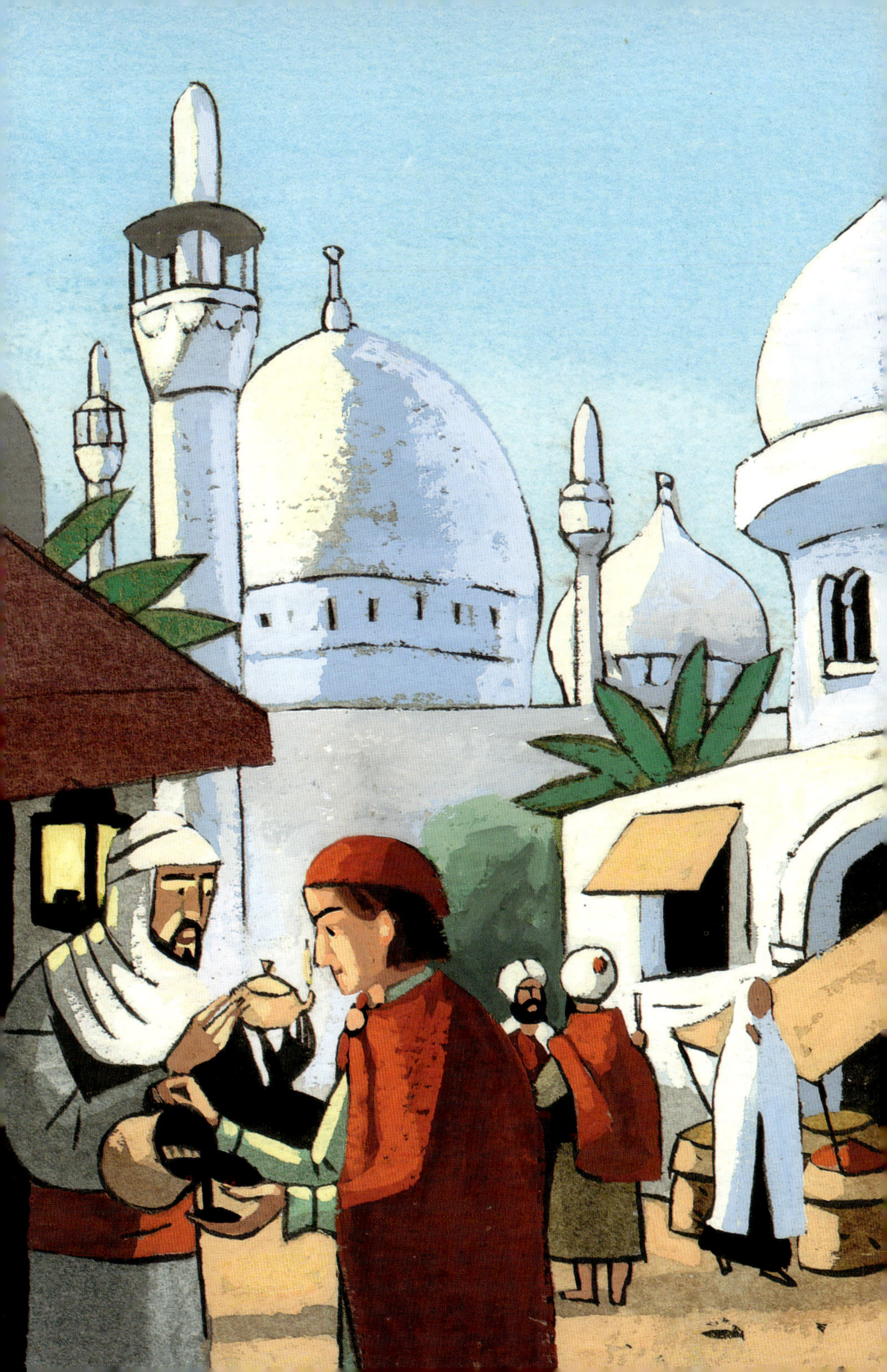

道的秘密。然而，我们必须马上动身，继续向**起儿漫**前进。

我们进入了波斯，这是一块辽阔的土地。它分为八个汗国，都臣服于大汗。尽管鞑靼人也在努力保障帝国中的行路安全，但这片区域始终非常危险，旅客时常遭遇不测。为了尽量避免被袭击，我们加入了一支由大量武装商人组成的，拥有强大护卫的沙漠旅行队。

途中，我们经过了一座名叫**撒巴**的城市，据说**东方三王**就埋葬在这里。为了了解更多关于东方三王的信息，我向当地人到处打听，最终，一位老太太跟我说，她记得她的祖母跟她讲过一个故事：

"很久很久以前，这里有三位国王，他们想要去朝见一位出生在犹太人国家的先知。为了测试那位先知，他们带去了三样礼物。他们想，如果那位先知选择了黄金，那他就是王者，如果选择了**供香**，那他就是神，如果选择了**没药**，那他就是巫师。但没想到，当他们呈上礼物的时候，那个先知同时收下了全部

起儿漫：即伊朗城市克尔曼。
撒巴：即伊朗城市萨韦。
东方三王：来自东方的三位智者，他们受星星指引找到了刚降世的基督。
供香：一种点燃后能放出香味的树脂。
没药：一种能治病也能做香料的树脂。

的东西!"

这个故事让我兴奋不已。我坐上马鞍继续赶路,感觉自己好像在一片神圣的土地上骑行。

终于松了一口气,我们顺利地到达了起儿漫。父亲知道,他在这里能够找到一些有价值的货物。首先,他买了几块被称为**突厥玉**的蓝色漂亮石头,然后,他又购得了一些本地款式的床上用品。这些床上用品的做工尤其精湛:每一片金色绸缎上面,都细致地绣上了花鸟鱼虫。我们很满意这批货,觉得这批货一定能够卖个好价钱。于是我们继续上路,朝着大海的方向南行。

> **突厥玉**:即绿松石。

翻山越岭之后,我们到达了位于波斯海岸的肥沃平原:周围是一望无际的麦田;空气中弥漫着柠檬树的香味;我兴致勃勃地看着鸟儿,它们刚吃饱海枣、无名子和石榴,正要展翅高飞。我正沉浸在遐想中的时候,传来了一阵嘈杂。我把头扭向旅行队的后方,沙尘中,一群人骑着马冲了过来!

"马可,快逃!我们被攻击了!逃得越远越好!"

我立刻策马扬鞭，但有一个强盗对我紧追不舍。他马上就要追上我了，正在试图拽我的缰绳。我抓起挂在腰间的匕首，用尽全力，对他猛刺了一刀。他经受重创，摔了下去，我保住了性命。

我就近逃到了一个筑有高墙的村子，现在，我只能等待父亲和叔父的消息。

"这些匪徒是什么人？"我不安地问村民。

"他们叫做哈剌兀纳，没人知道他们从哪里来。他们会施展妖法，可以让白天变成夜晚。然后，他们会借

助黑暗攻击我们的村庄。这些人冷酷无情，他们残杀老弱，掠夺妇孺，并把他们当奴隶贩卖。"

听了这番话，我更加担心了，但愿父亲和叔父都能够脱险！

他们都活着！他们也奇迹般地逃脱了。不幸的是，许多同伴的运气并没有那么好：其中的一些在战斗中阵亡了，另一些被抓走了。当然，我们丢失了我们的货物。

虽然我们很沮丧，但为了到达海边，我们必须赶紧走完这段异常危险的路程。于是我们继续向**忽鲁模思**进发。

忽鲁模思是一个大港：商人在这里贩卖香料、珠宝、丝绸、各色衣料、象牙以及许多其他来自印度的货物。但我们只想在这里快速找到一条开往东方的船。

为了躲避当地的酷暑，也为了收集一些资讯，我们坐到了一块位于树荫下的平台上。小酒馆的老板给我们送上了当地的菜单：咸鱼搭配洋葱、海枣，还有一小壶用香料酿造的海枣酒。父亲问：

"您知道，有哪位船长愿意接纳三位威尼斯商人吗？"

"可能有，但您要知道，天气很糟糕，几天后，风暴就会来临。"

听了我们的对话，坐在临近桌子上的两位吉那哇商人也研究起了他们的路线。

"要知道，忽鲁模思的船非常糟糕，他们的木板不是用铁钉固定的，而是用椰子纤维缝合的，实在太脆弱了。"

"而且有旅行者告诉我，**中国**的那些港口正在进行战争。"

忽鲁模思： 即伊朗城市霍尔木兹。

中国： 这里泛指东方。

关于这些咨询，我们讨论了很久，因为我们必须在海路和陆路间权衡轻重。最后，父亲和叔父决定我们走陆路。因此，我们必须原路返回起儿漫，然后穿越大沙漠。

十三世纪末,蒙古帝国的实力达到了顶峰,版图几乎囊括了整个亚洲。蒙古帝国被分为四个汗国。

马背文明

蒙古人都是无与伦比的骑士。他们耐力惊人,可以不下马背连续骑行数天;他们在马背上睡觉,靠吃干肉和干酪补充营养。

成吉思汗

蒙古包

蒙古赛马

草原上的蒙古骑士

游牧民族

蒙古人(过去也被称为鞑靼人)随着季节迁徙,他们依靠家畜和猎物的肉和奶过活。

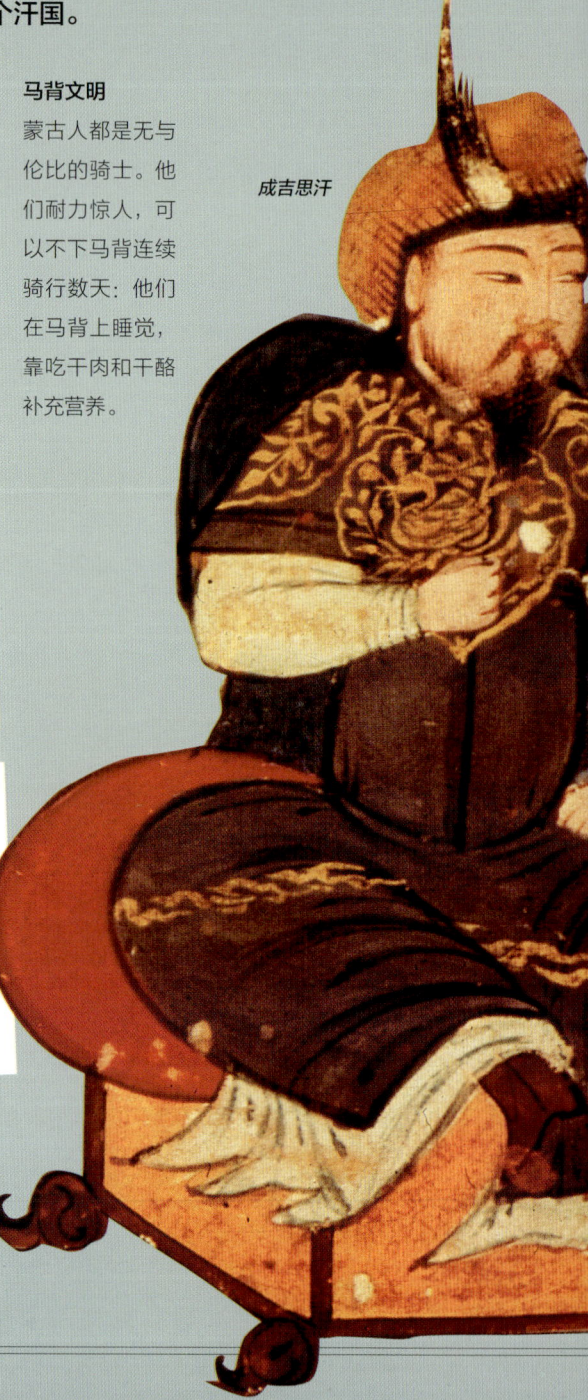

"我看见沿路都是东鞑靼人的营地。"

带着鹰出猎　　　蒙古战士

军队
装备着弓箭、马刀和长矛的蒙古士兵都是冷酷无情、诡计多端的战士。

成吉思汗
当成吉思汗出生的时候，蒙古草原上的各个游牧部落仍在互相征伐。然而，凭借着勇敢的作战、灵活的战略和娴熟的外交，成吉思汗最终统一了所有部落，并于一二〇六年称帝。之后，他立刻投入于一系列野蛮而又有破坏性的征讨中。一二二七年，成吉思汗去世，他的儿子继承了帝国。

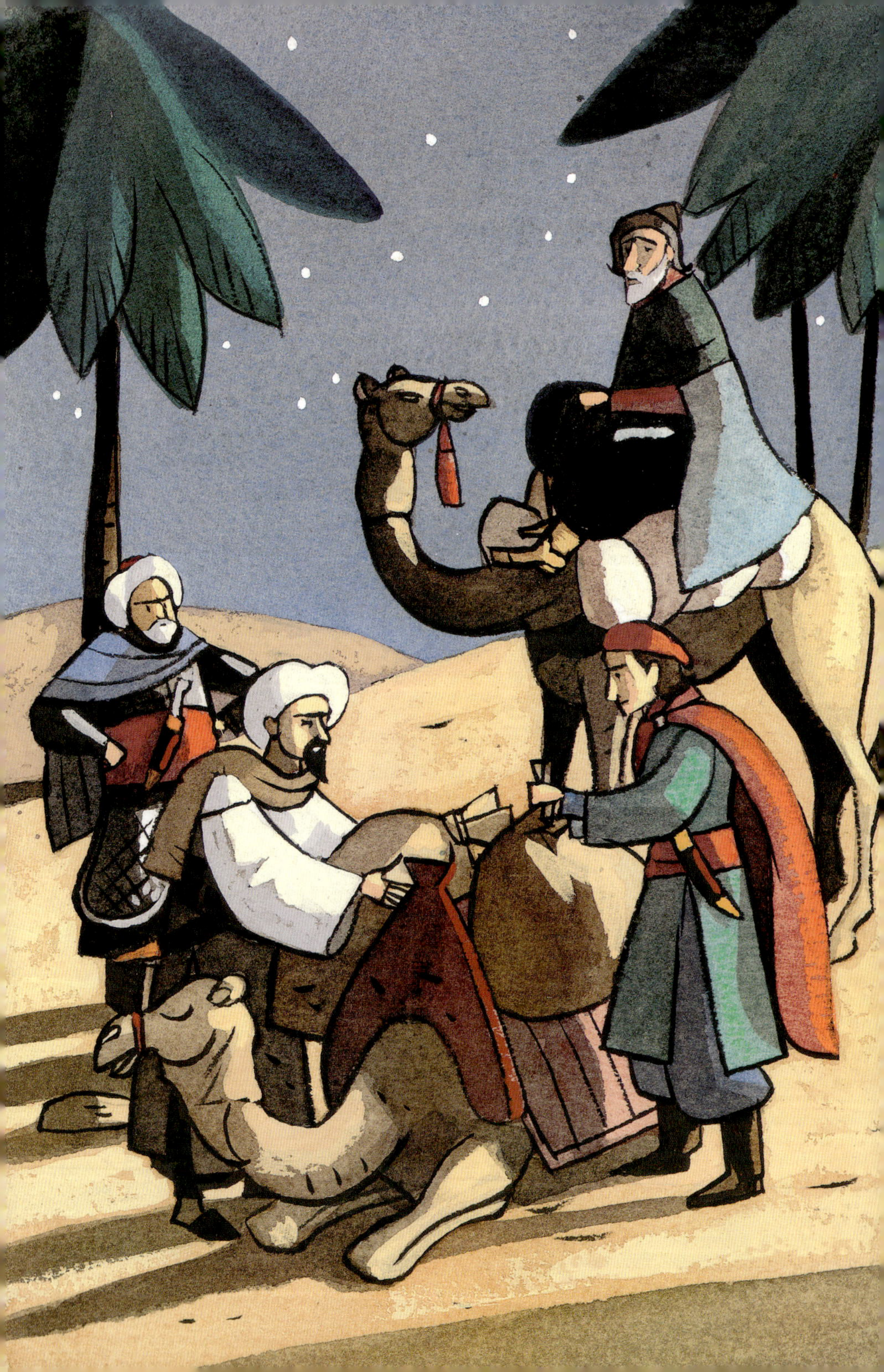

从沙漠到高山

到了起儿漫，父亲和叔父告诉我，他们要把我们的马换成驴。

"驴？你们想要我骑驴？！"

"是的，马可！驴比马更能够承受干渴。"

"我们还要买几头骆驼驮运货物、水和口粮。另外，你再去**巴扎**买点面包、干果、腌肉和干酪回来。"

一切准备停当。为了不独自穿越波斯北部辽阔的无人区，我们加入了一支小型沙漠旅行队。艰难跋涉了三天之后，我们深入了一片人迹罕至、寸草不生的沙漠。我们在路上可以找到泉眼，但这些泉眼里的液体苦涩有毒，只要喝上一口，就会导致严重的腹痛。我们只有在**绿洲**中的水井中才能找到饮用水，但它们非常罕见。在到达下一个绿洲之前，我们必须在烈日下不停地赶路，因为只有到了那里，人和牲畜才能够饮水、避暑、休息。

巴扎： 东方的市集。
绿洲： 沙漠中有水和植物的地方。

尽管艰难，穿越波斯沙漠的旅程还是让我受益匪浅。在沙漠旅行队中，交谈是缓慢的进程中打发每天无聊时光的最好办法。我喜欢与其他商人结伴，我也很乐意与波斯向导交谈。于是在谈话中，我懂得的知识越来越多了。有一天下午，我和一个波斯向导并肩骑行，他跟我讲了山老和**哈昔新**的故事。

"在这条道路西面，曾生活着一个极其残暴的首领，他的名字叫山老。他拥有一支完全由年轻人组成的军队，每个人都听命于他，愿为他出生入死。他的战士被称为哈昔新。这些人暗杀一切与他们主子作对的君王。他们勇敢无畏，技术娴熟，如果山老想要谁死，没有人能够全身而退。在作威作福多年之后，这些不法之徒被鞑靼贵族旭烈兀铲除。后者围困哈昔新的阿剌模忒堡整整三年，才最终获得了胜利。"

这个故事让我感到毛骨悚然。但我也意识到，鞑靼人有能力保障帝国居民的人身安全，这让我长舒了一口气。

哈昔新： 这一宗派因毒品哈希什得名，因为他们有日常吸食这种毒品的习惯。

阿母河： 即阿姆河。

在沙漠中穿行了数周之后，我们到达了波斯边境。**阿母河**畔的土地肥沃富

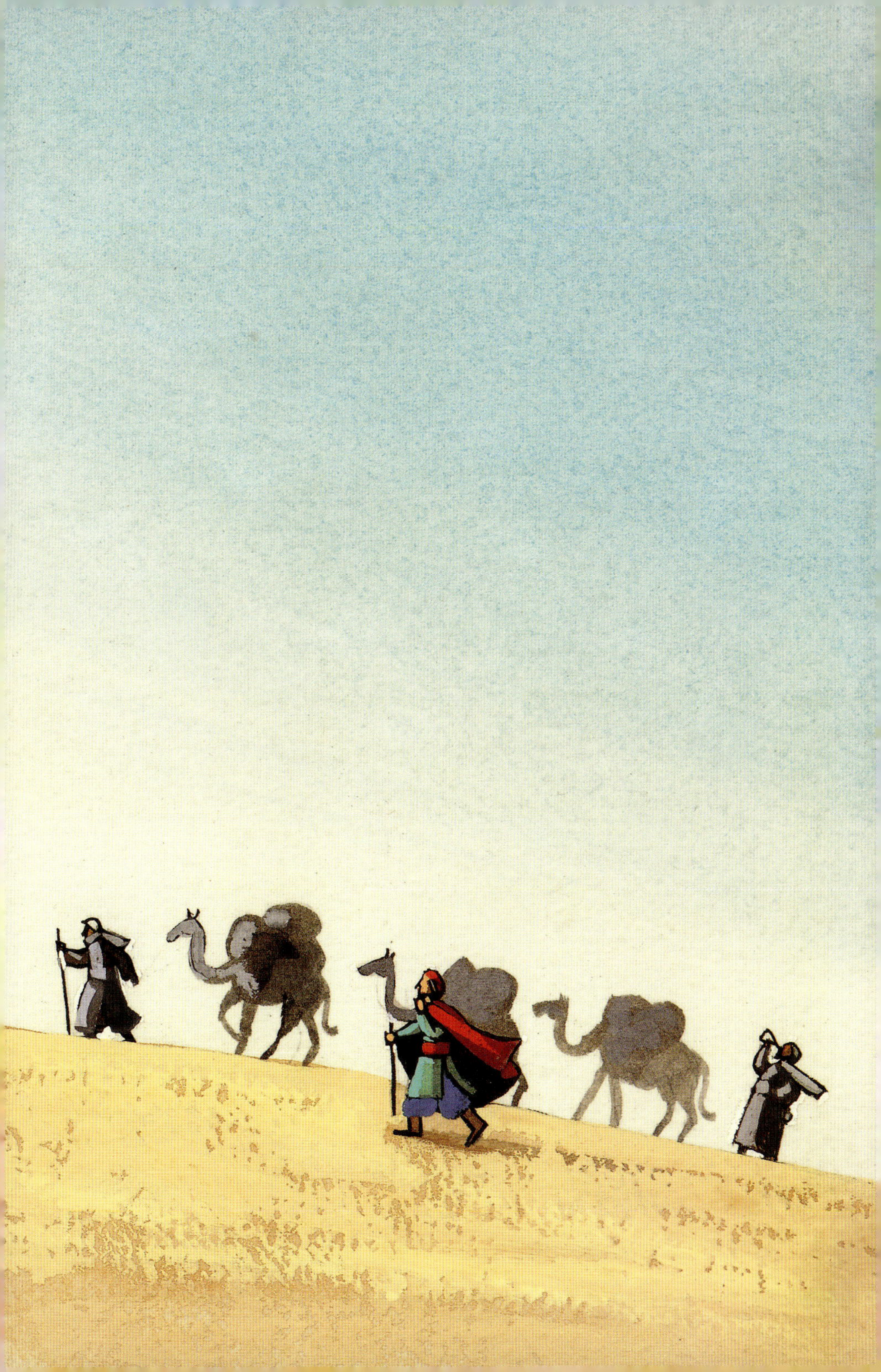

饶，因此这里孕育了大量繁荣兴旺的城市。高大宏伟的**巴里黑**给我留下了最深刻的印象。大量华丽宫殿和大理石房屋的遗迹让我感到震惊。父亲和叔父告诉我，巴里黑曾是一个强国的首都：

巴里黑：即阿富汗巴尔赫。
大雪山：即兴都库什山。
亚历山大大帝：马其顿国王。公元前四世纪，他统治的庞大帝国涵盖了希腊、埃及和波斯。

在阿母河以南、**大雪山**以北，曾有一个名为大夏的古国兴盛一时，巴里黑是大夏国最为壮丽的城市。一千五百年前，马其顿著名的征服者**亚历山大大帝**掌控了大夏，并引入了希腊文明。

"亚历山大大帝就是在这里迎娶了罗克珊娜，也有人说，这个地方出产的骏马是亚历山大大帝忠诚的战马，布西发拉斯的直系后代，因为他们的额头上也有牛角形和星形的印记。我不知道这是不是真的，但它至少证明了，这地方留下了亚历山大大帝的烙印。"

出发后，关于这位大夏主宰者的故事，久久地萦绕在我的心头。我多次发现，亚历山大大帝的英雄形象会在我的脑海中不自觉地隐现。

我们需要向东穿越一座山谷。这座山谷很危险，所

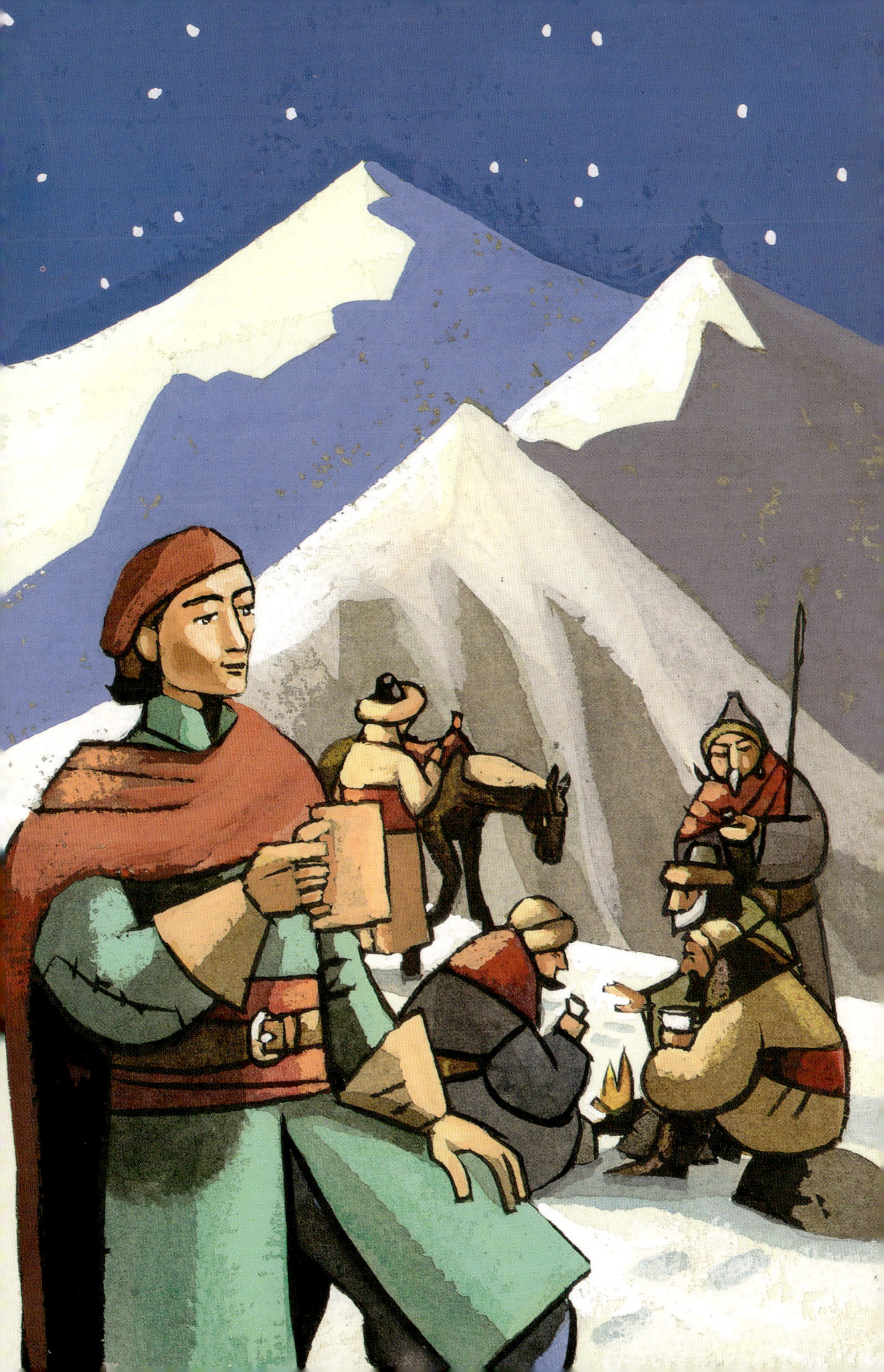

有居民都已经迁走。为了躲避强盗、土匪和经常前来掠夺的散兵游勇，他们都已经退隐山中。我们最终平安地通过了这个地方，然后继续向辽阔的**巴达哈伤**州进发。巴达哈伤高山耸立，没有人可以在一天内通过。大河从峭壁上倾泻而下，河里到处是鳟鱼和其他肉质细嫩的鱼类。壮美的风光让我倾倒，巨大岩丘里的秘藏更让我目瞪口呆：这里蕴藏着大量的红宝石、蓝宝石和**青金石**。

很不幸，快乐的时光非常短暂。我突然病了，甚至无法继续赶路。父亲很担心，请来了当地的巫医为我做检查。

"您儿子得了一种非常奇怪的病，我也不知道用什么草药可以治愈他，但我认为，山顶上的新鲜空气一定对他很有好处。"

我们接受了他的建议。也许是他的处方见效了，也许是我的运气好，我的状况开始渐渐好转。康复期长达整整一年，然后我们才得以重新上路。

我们继续前进，深入到崔巍山脉的核心地带。当我们穿过狭小的**哇罕**州之后，帕米尔高原出现在了我们的面前。

巴达哈伤： 即阿富汗巴达赫尚地区。

青金石： 一种亮蓝色的宝石。

哇罕： 即阿富汗瓦罕。

我眼前矗立着世界上最高的山，山上冰雪延绵，想要征服它们谈何容易。事实上，我们爬得越高，温度就会降得越低。太冷了，在如此恶劣的环境下，动物根本无法生存，就连一只鸟都没有。我发现，想要在这里生火很难，肉也无法煮熟。我们需要对抗严寒、塌方、悬崖峭壁和湿滑颠簸的石子路，然后我们还要花四十天时间下山。

在帕米尔高原脚下有一个名叫**可失合儿**的富庶国度。相对于我们之前翻越的恐怖高山，这片种植着果树和棉花的乐土简直就是天堂。父亲告诉我，可失合儿也是重要的商业枢纽。

"马可，我们现在已经走了一半了。你知道吗？我们也可以经**不花刺**、**撒麻耳干**进入忽必烈的帝国。那条路在我们的北方，沙漠商队经常走，同样可以到达可失合儿。"

接下去几周，我们将在无边无际的塔克拉玛干沙漠中，沿着由城镇补给站连成的路线继续前行。我们随着骆驼的节奏缓慢移动，直到**罗不**城下。最后一片绿洲之后，将有一片狂风肆虐的无垠沙漠。尽管我已经习惯了艰难的旅程和同伴的诉说，但对我来说，跨越

可失合儿：即新疆喀什。

不花剌：即布哈拉。

撒麻耳干：即乌兹别克斯坦城市撒马尔罕。

罗不：即罗布。

这片区域仍将是一次尤为严峻的挑战。

一位希腊商人警告：

"这片沙漠中有恶鬼，它们会用可怕的幻觉杀死旅客，如果有人掉队，他将会马上被某种声音引向错误的方向。"

一位方济各会传教士接着说：

"他还会看到海市蜃楼，然后，他将跟着这些幻影直到完全迷失。没人能够独自在沙漠中生存，因此他必死无疑。"

向导总结道：

"为了防止意外发生，你们必须挨得更紧，好让我可以时刻看到你们。我还建议你们在坐骑的脖子上挂一圈铃铛。铃铛发出的声音可以让你们在行路的同时保持头脑清醒。"

穿越**罗不大沙漠**耗时一个月。这是我们到达大汗领土之前所经历的最后一次考验。

罗不大沙漠： 即新疆罗布泊。

古老的丝绸之路连接着中国和西方。这条道路不仅为货物提供了运输的途径,也为思想提供了交流的渠道。

丝绸布料

沙漠旅行队

为了更安全,旅行者会自发结成沙漠旅行队。马、驴和骆驼都会被用来驮载人和货物。

波罗家族骑着骆驼旅行

路途艰险

无论陆运还是海运,西方到远东的路途总是漫长而又艰险。旅行者必须面对各种恶劣天气:沙漠的干燥、高原的冰雪、风暴、骤雨……他们必须懂得从意外和疾病中逃生,他们还需要学会躲避战乱、土匪和强盗。蒙古帝国江山稳固,因此那里相对安全。

丝绸

至少在公元前两千年的时候,中国人就已经发明了丝绸。几个世纪以来,中国人一直保守着生产丝绸的秘诀,直到十二世纪,整个欧洲仍然对此一无所知。绣着金银丝线的华丽衣料,或是色彩鲜艳的透明薄纱,丝绸就是奢华的代名词。

"我们随着骆驼的节奏缓慢移动。"

骑着骆驼的沙漠者

帕米尔高原

塔克拉玛干沙漠

供沙漠旅行队歇脚的庭院

补给站
有许多地方为沙漠旅行队提供补给。有些是小绿洲,另一些是像不花剌、撒麻耳干、可失合儿、敦煌那样的商业枢纽。

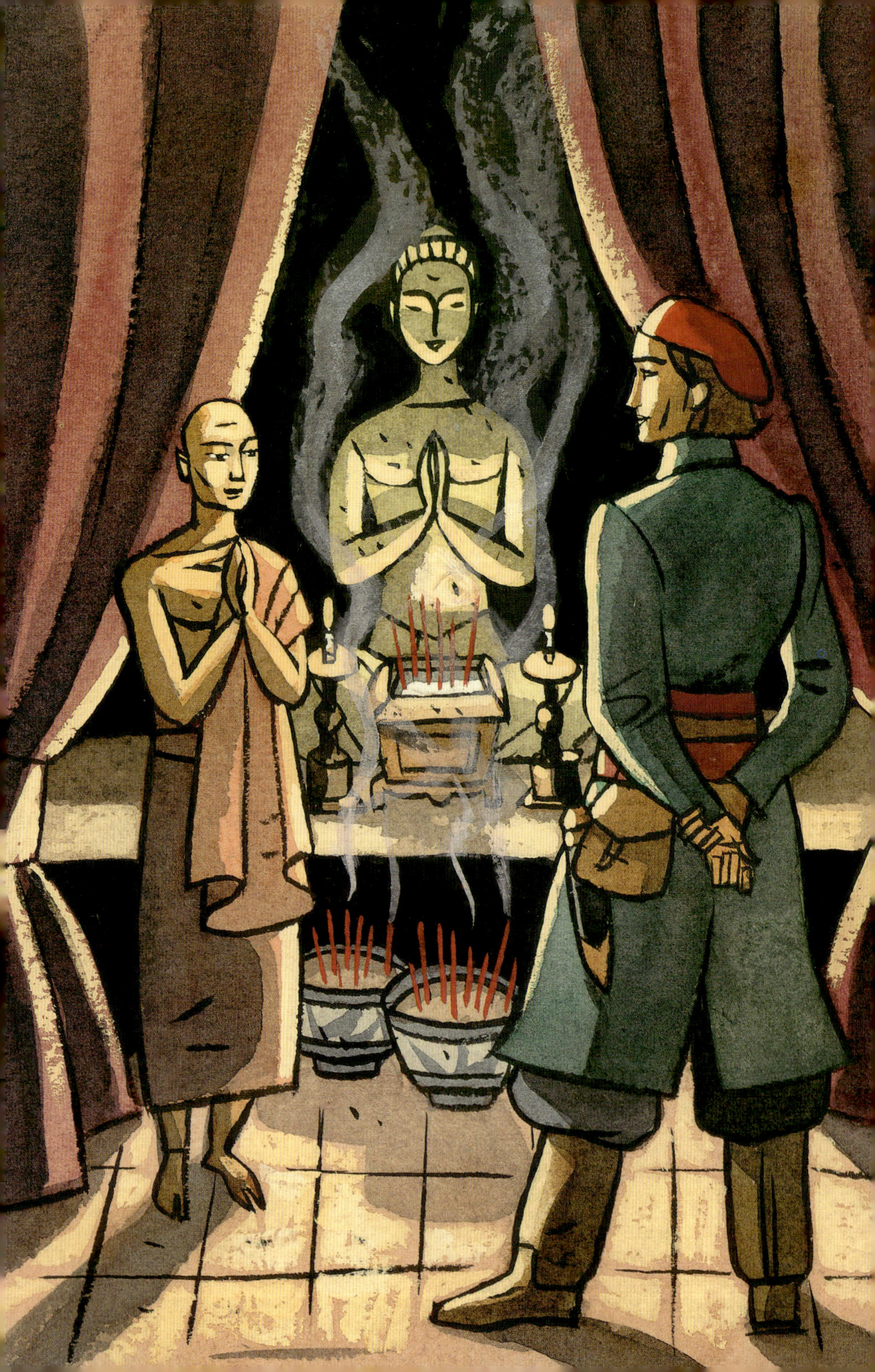

觐见忽必烈

走出罗不大沙漠之后,我们就到了**唐古忒**,这里是大汗的领土。当地居民有着自己的信仰,他们既不是基督徒,也不是穆斯林。在为沙漠旅行队提供补给的繁荣城市**沙州**,我第一次看到了这些"**偶像信徒**"的庙宇。这里的寺庙很多,但更令人称奇的是,许多寺庙被建造在城郊的崖壁上,就好像悬在半空中。想要进入这些精致的洞窟,"偶像信徒"必须借助石壁上的狭窄扶梯。

唐古忒:即甘肃行省。
沙州:即现在的甘肃敦煌。
偶像信徒:礼拜偶像的人。这里的"偶像信徒"指的是佛教徒。

才刚到这个国家几天,我就看到了惊人的一幕。路边有一堆正在焚烧的木柴,木柴中间放着一具尸体。

"父亲,他们在干什么?为什么要焚尸?"

"这是葬礼!这里的人死后并不埋葬,而是火化。"

木柴四周,家人正忙着向火堆中投掷东西:丝绸、衣物、银器和各种纸扎。

"马可,你瞧,这些人的信仰和我们不同,他们认为,

只要他们向火堆中扔一匹纸马,死者就能在阴间获得一匹真马。因此,为了让他们的家人能在另一个世界过上好日子,他们尽可能地焚烧东西。"

大黄： 叶子宽大的植物。根可以入药,枝干可以用来制作果酱和果泥。

甘州： 即现在的甘肃张掖。

因出产美味**大黄**而闻名于世的唐古忒,是一块安定的区域。所以我们在去往首府**甘州**的道路上,并没有遇到大的麻烦。我们必须在那里等候忽必烈允许我们觐见的旨意。作为称职的商人,父亲和叔父也利用这段时间做了一些买卖。而我,更愿意研究当地的风土人情。

在甘州，多种教徒杂居在一起。尽管我认为，基督教比其他宗教更为优越，但出于好奇心，我也很想了解一下其他宗教。

终于有一天，我下定决心走进了他们的庙宇。一进门，我就被眼前的奢华装饰征服了。这里有精美的雕花，有绘着各色人物的艳丽壁画。他们的偶像完全由黄金包裹。烛光下，这些偶像闪闪发光。信众在神像前顶礼膜拜。他们供奉食物，焚香诵经。只见一个光着脑袋、穿着黄袍的出家人走了过来：

"你知道我们正在拜谁吗？"

"不知道。"

"他名叫释迦牟尼,很久之前生活在印度。他在俗世充满智慧,直到今天,我们都尊敬他,把他看作圣人。释迦牟尼曾是一位王子。他的父亲非常宠他,让他过着无忧无虑的生活。他的父亲对他千依百顺,但禁止他踏出宫墙,不愿让他接触到冷酷的世界。然而有一天,释迦牟尼走出了他的金色牢笼,走到人民当中。当他看到生老病死的时候,心中十分痛苦,于是下定决心放弃奢侈的生活,潜心研究如何克服病痛和死亡。最终,他发现了摆脱苦厄的方法,于是他游历印度北部,向人们传授他的思想。"

初次拜访"偶像信徒"的庙宇就让我惊叹连连,我发誓我要尽快回到这里……

当父亲和叔父收到忽必烈允许觐见的回函时,我们已经在甘州住了整整一年了。由于我们得到了官员的护送,最后这段旅程变得相对容易。我们进入了**契丹**,然后转往**上都**方向,大汗的夏宫就在那里。

一二七五年夏天的一个晴朗午后,我们终于到达了长途跋涉的终点。许多臣工前来迎接我们,这让我们几乎无法

契丹: 这里指中国北方。
上都: 位于今内蒙古锡林郭勒盟正蓝旗。

挪步。他们带着我们去见忽必烈,我们跟在他们后面,眼前的华丽宫殿让我们惊叹不已。

这座高大雄伟的建筑完全由大理石和其他漂亮石头搭建而成,它拥有许多房间、厅堂和回廊。这些房间、厅堂和回廊全都被镀成了金色,并且用画工精湛的鸟兽花木画像装饰。我们穿过回廊,来到一个平台上面。平台下方是一座花园。花园里有河流,有牧场,有小树林,还有喷泉。突然,有一个人骑马飞奔而来,马鞍后面还坐着一头豹子。这就是忽必烈,他喜欢在自己的猎场里打猎。臣工把我们领下花园。我们从饲养着猎鹰的鸟笼前经过,来到了一间镀金的奢华竹宫里。宫顶由巨大的金龙支撑,它们的尾巴沿着宫殿的立柱盘旋而下,宫墙上画有鲜艳的动物画像。大汗并没有让我们久等,他在朝臣的簇拥下来到了我们面前。我们谦卑地低下头,拜倒在地。

"平身,来自威尼斯的爱卿!欢迎再次来到中国。"

"见到陛下龙体安康,臣非常高兴。"

"旅途是否顺利?"

"虽然路途遥远,臣等终究还是到了这里。臣等历尽磨难,总共花了三年半时间。"

"众位爱卿的勇气令人钦佩。但你们是否带来了朕想要的东西?"

"臣等已经见过了教皇格烈果儿十世。这是他要臣等转呈的信件和礼物。"

父亲一边说,一边把几个贴着封条的箱子放到忽必烈脚下。

"臣等还带来了一瓶圣墓灯油。"

"很好,那一百位基督教博士呢?"

"这件事臣等无法办到。很遗憾,没有任何教廷官方代表愿随臣等一同前来。"叔父难过地说。

大汗沉寂了一段时间,这段时间令人感到如此漫长。然后,为了使重逢时的热情气氛不至于变得冷淡,他转移了话题。

"后面这位年轻人是谁?"

"陛下,他是臣的儿子马可,他随臣一同前来为陛下效力。"

"国家需要有才干的勇士。马可,从今往后,你就是朕的朝臣了。如果你对朕忠心,朕将赐予你财富和荣耀。"

"谢陛下隆恩,臣定将效犬马之劳!"

我激动地保证。

第一次会面就这样结束了。忽必烈建议我们先吃点东西，还邀请我们当晚参加一个专门为我们举办的宴会。对我来说，新生活就此开始！

宗教宽容政策是蒙古帝国的基本国策。最初，蒙古人有他们自己的信仰，那就是苍天，腾格里。但后来，他们接触到了其他宗教，于是他们逐渐改信了佛教或伊斯兰教。

藏传佛教
中国的蒙古人尤其喜爱藏传佛教。大量喇嘛围绕在大汗身边，他们还在宫中任职。十三世纪中叶，喇嘛八思巴根据吐蕃文字为忽必烈创造出了一套新型蒙古文字。

传说菩萨将会保佑受苦难的佛教徒

莫高窟

莫高窟
公元四世纪，位于敦煌的莫高窟就已成为了佛教的圣地。莫高窟内藏有数千尊佛像以及无数佛教壁画。

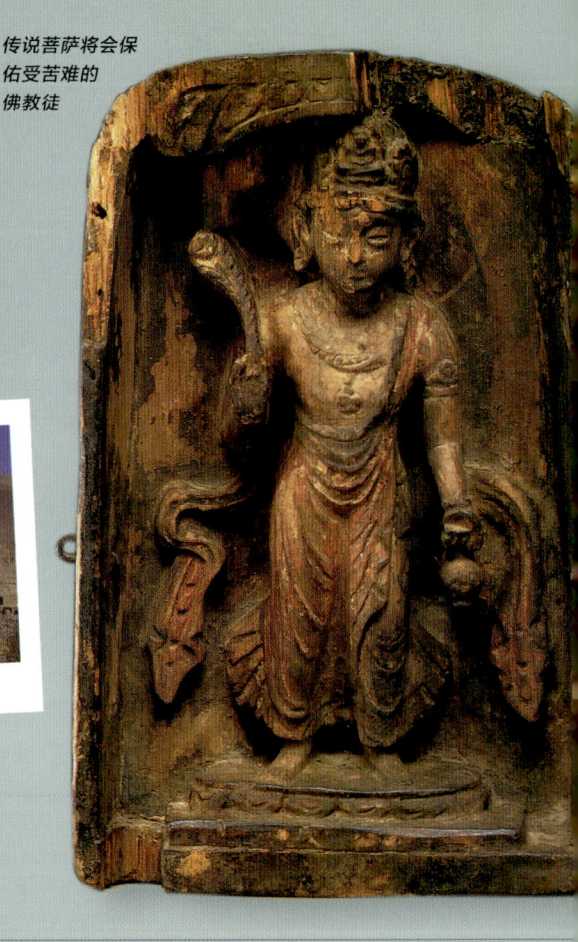

基督徒

在忽必烈宫里传播的景教是基督教的一个宗派。天主教传教士在蒙古帝国也随处可见。一三〇七年，孟高维诺成为了首任汗八里总主教。

马可·波罗与两位基督徒

佛祖（右图）与观世音菩萨

"当地居民有着自己的信仰，他们既不是基督徒，也不是穆斯林。"

牌楼结构的清真寺

回教

蒙古人与居住在中亚的穆斯林、经常往返中国的阿拉伯商贩都保持着良好的关系。大量的穆斯林学者、数学家、地理学家、天文学家在为大汗服务。帝国西边金帐汗国和伊儿汗国的蒙古人分别在十三世纪和十四世纪改信了伊斯兰教。

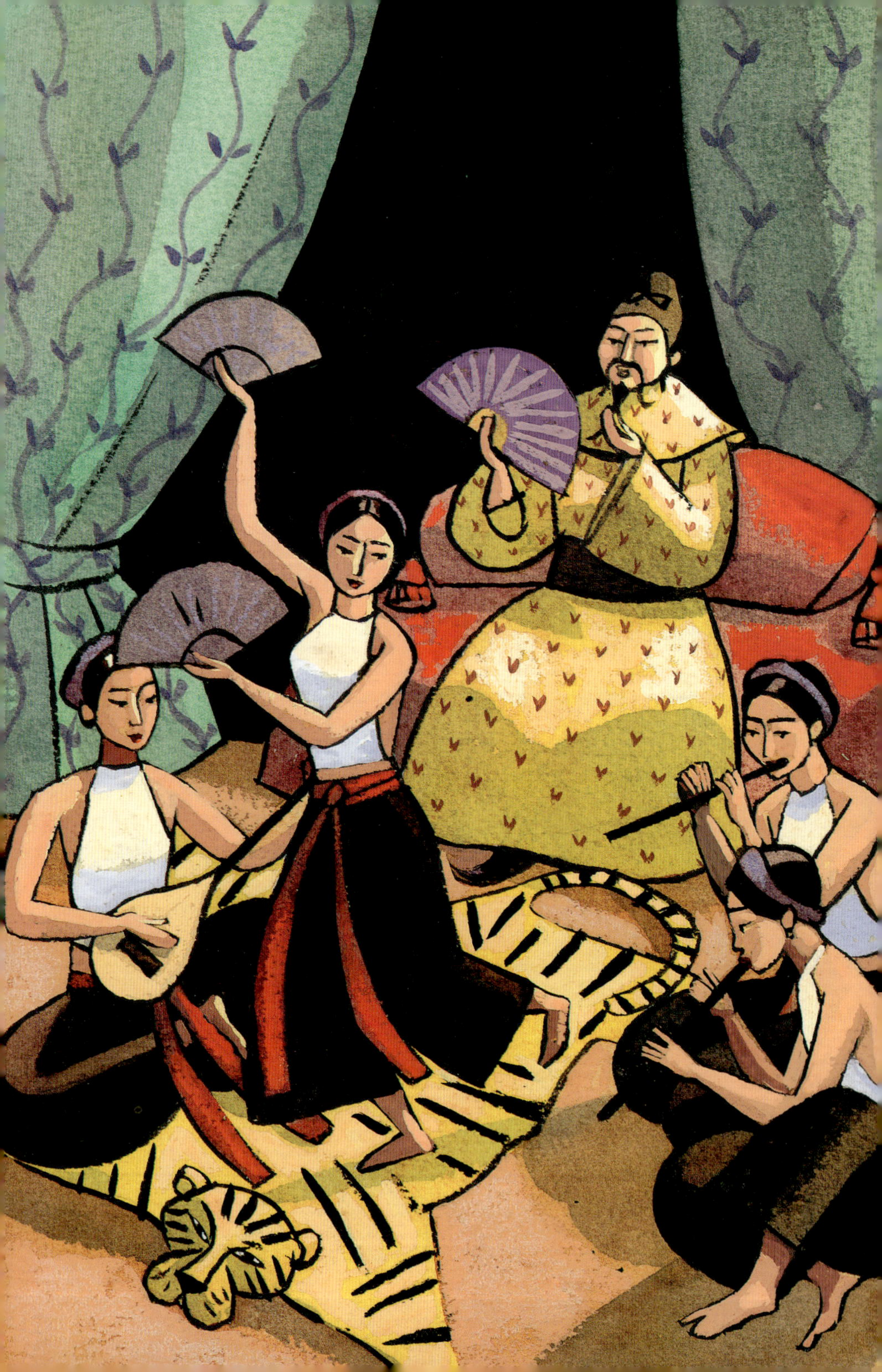

大汗的皇宫

我们在皇宫中凭喜好挑选了一个奢华的套房。然后夜幕降临了，我们前去参加专门为我们准备的宴会。然而，当我正要进入宴会大厅的时候，一个卫兵走了过来：

"大人，当心！进门时，千万不要踏到门槛，在我们看来，那将带来厄运。"

我很乐意遵从这一习俗，于是我跨了一大步。刚进门，一位年轻的鞑靼贵族走了过来。他告诉我，他将安排我就坐，并关照我一些我不知道的事情。我跟着他来到了一张桌子前，在那里，我观察了整个大厅。

忽必烈居中坐在我对面的龙椅上，他看上去有六十多岁，中等身高，体态肥胖。他的脸很圆，长着一对杏仁般的亮黑小眼睛，留着络腮胡子。他的左下方坐着一群女人。

"那些女士是谁？"

我问我那忠实的陪侍。

"紧邻龙椅坐着的那四位都是皇后，她们是皇帝的妻子。边上依次是他的儿子、孙子、侄子和宫里其他贵族的妻子。"

"有四位皇后！她们都和丈夫生活在一起吗？"

"不，她们每一位都拥有自己的宫殿。在她们的宫殿里，有大量侍女、**宦官**和侍臣。"

那位年轻人停顿了一会儿，一脸坏笑地接着说：

"除了四位皇后，忽必烈还有其他妃嫔，她们都来自同一个鞑靼部落，弘吉剌。这个部落以出大美女闻名。贵族小姐都要先经过严格的筛选，才能入宫。然后，宫中的老妇人会检查她们的身体。这些老妇人甚至还要和她们在一起睡觉，以确保她们不打呼噜，身上没有异味。如果一切顺利，这些迷人的贵族小姐就将获准接近皇帝。她们每六人一班，每班三天，轮流侍奉皇帝。"

"大汗拥有那么多妻子，那他一定也拥有很多孩子？"

"大汗的四位皇后为他生了二十多个孩子。他的帝位本该由他的**嫡长子**继承。不幸的是，他的嫡长子已经死了。现在的储君，是他嫡长子的长子**铁木耳**。你看，他正坐在他祖父的右边。边上还坐着忽必烈的其他儿孙、诸位亲王和几位鞑靼显贵。"

突然，嘹亮的鼓乐声响起，这是在向宾客示意，大

宦官：经过阉割的男人，负责看护后宫。

嫡长子：其实是忽必烈的次子，长子年幼早夭。

铁木耳：即铁穆耳。

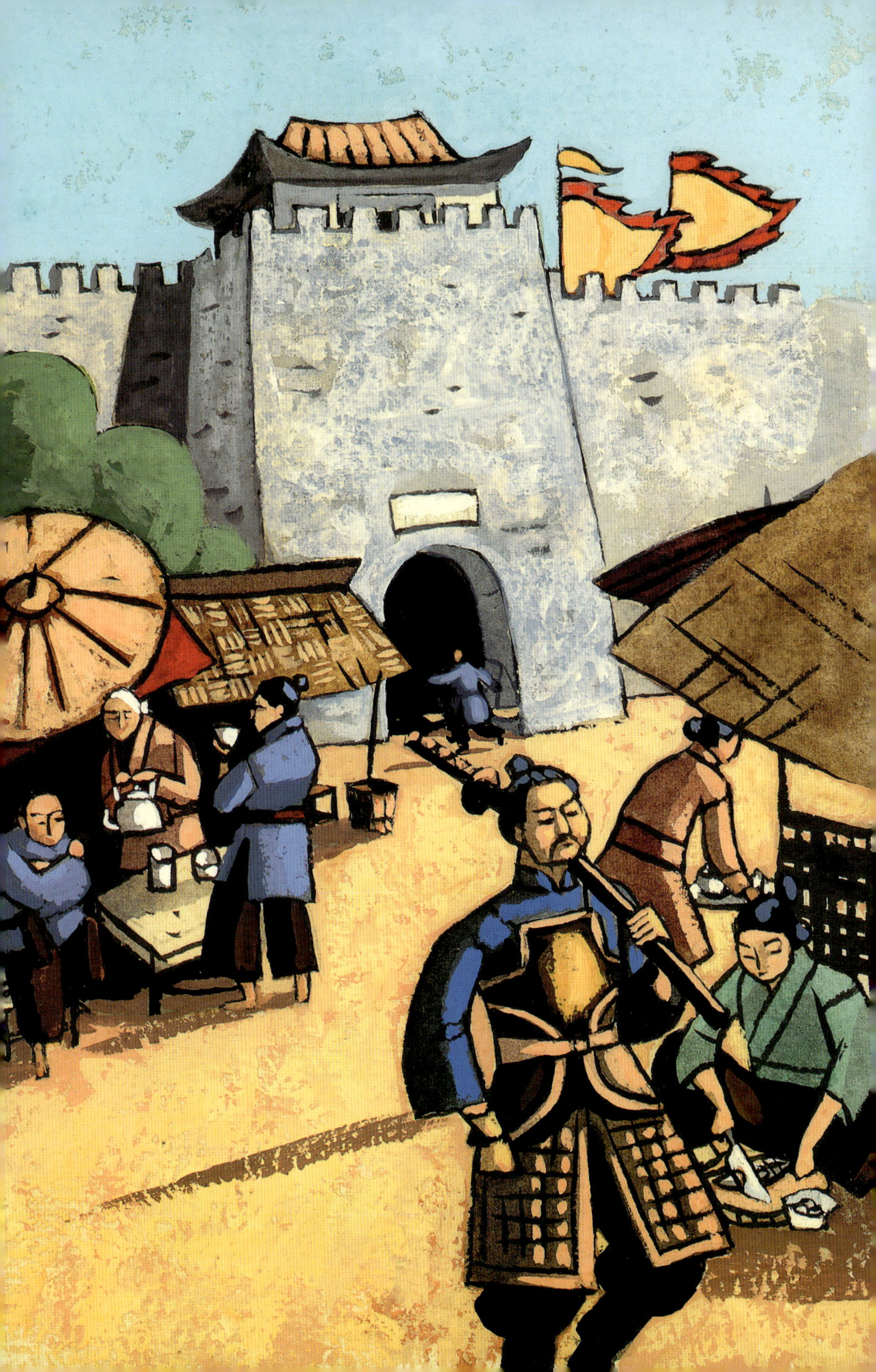

汗要喝酒了。所有宾客都跪倒在地。一位侍从奉上了一杯美酒，为了不让气息玷污美酒，他在口鼻处蒙上了一条丝巾。忽必烈一饮而尽，宴会立刻恢复原状。

仆从将一些盛着马奶、骆驼奶、美酒和其他香甜饮料的金碗放到了我的面前。他们还端上了几个做工考究的金银器皿，里面盛着不同的肉。我一边细细品尝这些美味佳肴，一边继续向那位负责接待我的年轻贵族讨教：

"我听说大汗的宫里住着许多外国人，大汗喜欢被来自中国各地和国外的朝臣围绕，这是真的吗？"

"是的。忽必烈接纳各种人才，无论他们是基督徒、穆斯林、犹太教徒还是释迦牟尼的信徒。他尤其欣赏喇嘛，

就是那些来自**土番**和**客失迷儿**，遵从释迦牟尼教诲的和尚。尽管喇嘛长得不讨人喜欢，但他们懂得占卜，也拥有法力，所以他们对大汗施加了很深的影响。他们似乎能用咒语阻止风暴来袭，还能用意念举起装满酒的杯子。"

饭后，为了给庆典腾出空间，仆从撤走了桌子。琴师、占卜师、杂耍者和大量其他表演者纷纷登台助兴。宴会持续到了深夜。

我们在上都受到了多次款待，参加了各种娱乐活动，度过了一段非常愉快的日子。由于每年八月末，忽必烈

土番： 即吐蕃，现在的西藏。

客失迷儿： 即克什米尔。

> **汗八里：** 即现在的北京。

都会和他的朝廷迁出夏宫，返回帝都**汗八里**，因此，我们也受邀一同前往。

皇宫位于一座巨大要塞的正中央。要塞呈方形，由四堵塔楼林立的宫墙构成。一万两千名骑兵昼夜轮替，担负保卫皇宫的重任。他们利用宫墙上的那些塔楼贮藏战备物资：弓、箭袋、箭、矛、铁锤、战甲、绳索、帐篷、马鞍、马镫、缰绳，等等。

皇宫大殿是一个单层建筑，四周有用于散步的大理石高台。大殿的顶上，覆盖着黄色、蔚蓝色、朱红色、绿色和蓝色的琉璃瓦，反射着太阳的光芒。大殿里，从下到上的每一样饰物都镀着金银。精心雕镂的殿墙也是金色的，上面挂着画有龙、兽、鸟、美女、骑士、战争或历史场景的图画。

正殿后面，还有几座漂亮的偏殿，大汗会在那里接待妃嫔，并存放各种宝物：有金银器皿、稀世珍宝、珍珠，还有大量的其他宝贝。宫殿与宫墙之间，是一大片花园、果园和牧场，那里放养着鹿、獐子、白鼬、松鼠和多种其他动物。大汗还命人挖掘了一个大湖，湖里养着各色鱼类，并堆筑了一座名为绿山的奇山，山上种植着各种不落叶的珍稀树种。

我很高兴能够生活在如此梦幻的地方，每一天，我都更加喜欢如此的生活。宫中歌舞升平，父亲告诉了我一些每年都要过的重大节日：

"鞑靼人每年都要过十三个节，这十三个节分别用十三种不同的颜色代表。每当节日来临，所有贵族都必须穿上指定颜色的服装。因此，他们每人都拥有十三套不同颜色的奢华礼服。更令人难以置信的是，这十三套点缀着黄金和珍宝的丝袍都是大汗赏赐的，另外，大汗还赏赐了一条腰带、一双靴子和一顶帽子。"

在这十三个节日中，最隆重的，是**年初二月的白节**。那一天，忽必烈和他的所有臣民都身着白色。他们认为，这一吉祥的颜色会为他们带来好运。来自帝国各行省的代表都来向大汗朝拜，他们进献银器、珠宝、服装和各种指定为白色的礼物。多达五千头大象和无数头骆驼身披绣有金色鸟兽图案的白色锦衣，驮着装满昂贵器皿和饰品的大箱子走过。忽必烈还会收到十多万匹雪白的贡马。这些洁白无瑕的骏马在鞑靼人眼里十分神圣，所有人都对它们满怀敬意，并为它们主动开道。白色母马挤出的马奶也尤其珍贵，只有大汗和他的子孙才有资格享用！

充满无尽财富的神奇检阅持续几个小时，之后，是一场奢华的宴会。

年初二月的白节： 即阴历正月的新年。

一二六〇年,成吉思汗的孙子忽必烈被推举为蒙古大汗。他离开蒙古帝国的旧都哈剌和林,将朝廷迁至燕京,并将它改名为汗八里。一二七一年,他自称中国皇帝,由此建立元朝。

元朝社会
蒙古人待遇最高,享有许多特权。

"来自帝国各行省的代表都来向大汗朝拜。"

元朝艺术:水墨画

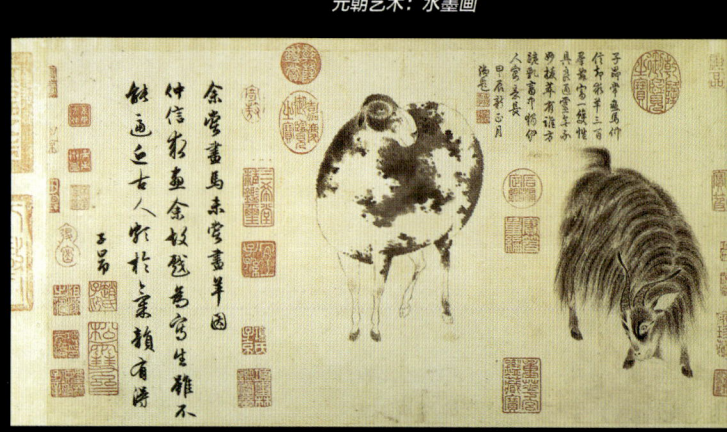

元朝儿童塑像

元朝的衰亡

由于蒙古人垄断了国家的财富,人民生活困苦。为了反抗暴政、歧视和苛捐杂税,一三五〇年农民开始起义。一三六八年,朱元璋推翻了元朝建立了明朝。

忽必烈出猎

纸币

在元朝,银票的大小由它的面值决定。有了大汗的御印和几位大臣的签名,这张银票才能被证明是真的。(注:配图是一张大明宝钞,不可能存在大汗的御印。)

演员

中国戏剧

囊括歌曲、舞蹈、对白、杂技、哑剧、音乐等多种艺术形式在内的中国古典戏剧在元朝得到了长足发展。角色被分为四个行当:生、旦、净、丑。每个演员都会在脸上画上表现相应角色特征的脸谱。

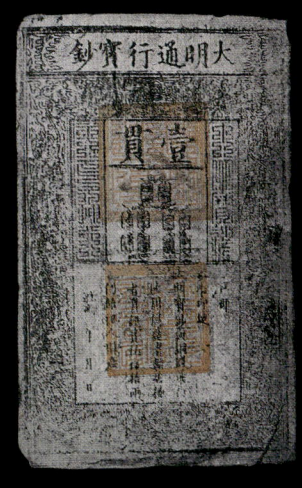

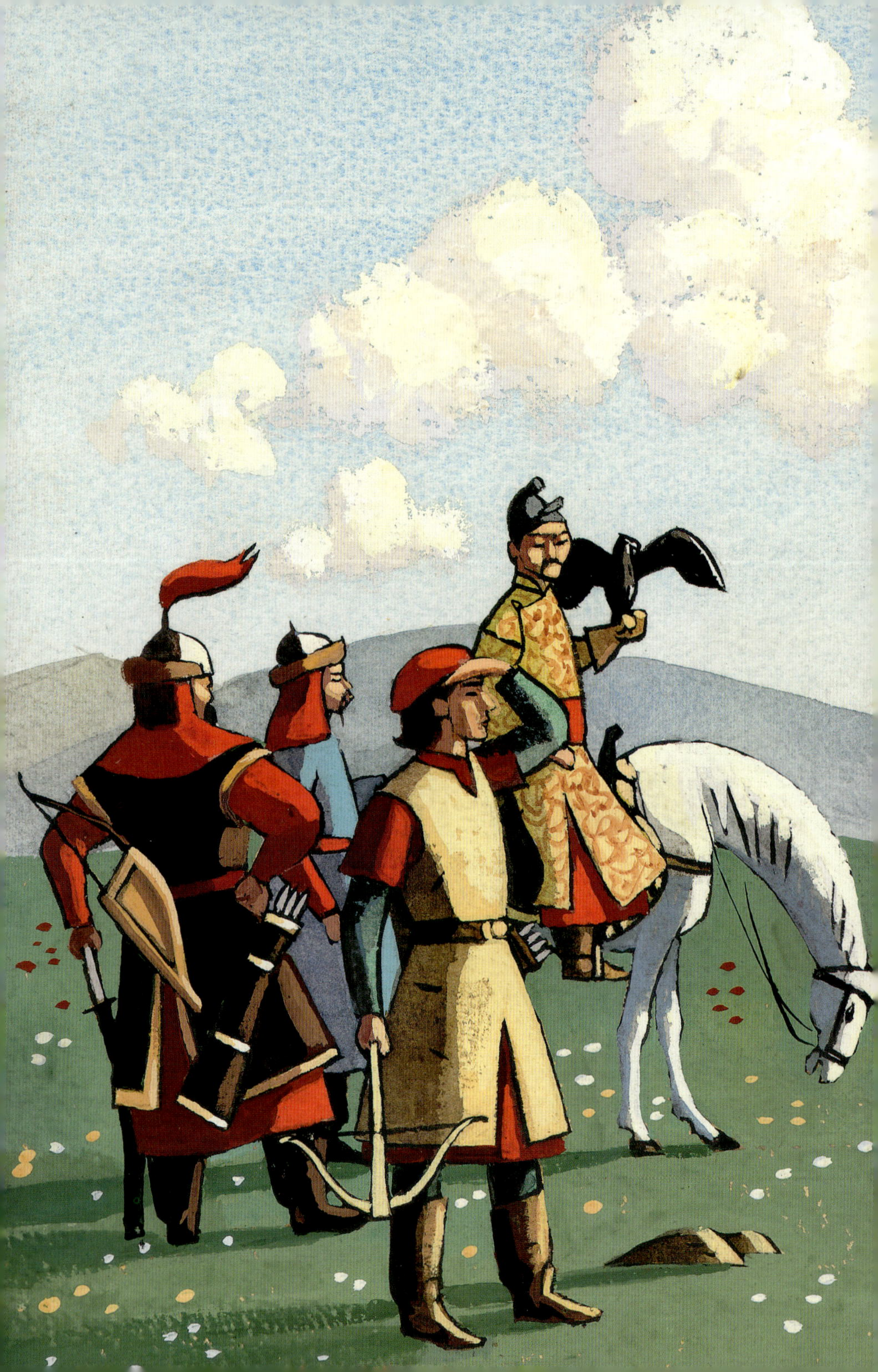

丝绸、稻米和黄金

一二七六年白节过后没几天,忽必烈召见了我,并告诉了我他下一步的行程:

"马可,可能因为朕的血管中流淌着游牧民族的血液,朕不太喜欢在同一个地方住太久……朕会在上都度过炎热的六月、七月和八月;九月到二月间,朕会在汗八里过冬;而春天,三月到五月间,朕会去海边狩猎。今年,朕希望你陪朕一起去。"

"臣愿竭诚为陛下效劳。臣的父亲知道了吗?"

"是的,但他不一起去。他和玛窦将待在汗八里为朕处理一些事务。现在你去准备一下,一周后出发。"

出发那一天,我看到了蔚为壮观的队伍。忽必烈忍受着**痛风**,坐在铺有虎皮的舒适**象轿**里。他的周围,有另外三头大象,上面坐着他的几个近臣。宫里的贵族和一万名养鹰人骑着马跟在后面。我们行走了两天,到达了海边的营地。

为了安顿大汗和浩浩荡荡的随行队

痛风: 常发于大拇指关节和膝关节的痛苦炎症。

象轿: 安装在大象背上的轿子。

伍，奢华的帐篷早已错落有致地树立了起来。周围的原野上，河流、湖泊遍布，这里隐匿着大量的野兽和各种鸟类，尤以鹤、天鹅和白鹭居多。忽必烈静静地观看着鹰隼围捕它们的猎物，这些鹰隼在他的眼皮底下将猎物的生命完结。

四月里的一个夜晚，结束了整整一天的狩猎之后，忽必烈在他的帐篷里召见了我。忽必烈的帐篷，是营地里最大的一顶。它由多顶彼此相连的大帐篷组成，共有三个大厅，外面覆盖着虎皮，里面装饰着貂皮和银鼠皮。为了不弄脏地毯，帐门前，一名守卫要我脱去鞋子，并换上白色的拖鞋。我照办了。在得到召见的命令之后，我进入帐篷，跪倒在了忽必烈的面前。忽必烈往金壶中吐了一口痰，然后说道：

"马可，平身，仔细听朕说！通过之前的交谈，朕了解到了你的才能、智慧和忠心。现在，朕有一个任务交给你。朕要你去西南边陲**哈刺章**调查一下当地的情况。"

哈刺章：即云南行省。

"感谢陛下对臣的信任。臣什么时候出发？"

"你三天后启程。朕的大臣会给你一道刻有皇家印信的金牌，有了它，你就可以畅通无阻了。他们还会给你一些银票。那些银票带有朕的御印，可以在全中国通用，而且比金银轻便许多。"

于是，三天后，我就和一个能说多种南方方言的鞑靼官员一起上路了。

我们从汗八里出发，沿着贯穿中书省的道路向西南方前行。我们的周围，是一片生机盎然的旷野，花园、果园、树林、稻田、黍田、麦田和桑田交错。我的同伴发现我对桑树很感兴趣，于是告诉了我许多关于养蚕的秘密：

"蚕只吃桑叶，它们由家中妇女负责喂养。为了蜕变成蛾，蚕吃饱长大后，会吐出蚕丝，把自己封闭在蚕茧里。妇女回收蚕茧，将它们用沸水浸泡，然后抽出丝，缫成线。这些丝线经过染色之后，就可以用来编织和刺绣了。"

丝绸业不但养活了许多手艺人，还引来了大量的商人。每天，我们都会路过几个熙熙攘攘的城镇。大集市上，人们买卖丝绸和其他土特产。各式各样的旅客在繁忙的道路上穿梭，经常会有满载大包小包的缓慢货车阻塞住道路。干道沿线，有无数客栈向来自世界各国的商人开放。我很乐意到这些热情的店铺里坐一坐，喝一杯葡萄酒或米酒，吃几盘肉，搭配谷物、意大利面或其他面点。

在中书省的边境流淌着一条名为**哈剌木连**的大河。哈剌木连非常宽阔，河上没

哈剌木连：即黄河。

有桥梁,我们只能乘坐竹筏渡过。河的对岸就是陕西行省了。我们并没有在那里久留,径直来到了成都府城下。由此,我们进入了南方地界。成都府是名副其实的天府之国,它由宽阔的江水及其众多支流浇灌,盛产稻米、小麦和其他谷物。在这个区域的中心,有一座生机勃勃的都市,那里聚集着许多商人。蔚为壮观的岷江是**江水**的支流,它从城市间穿过,江上商船往来,舳舻相连。看到这一切,我不禁惊呼:

> 江水:指长江。

"你见过如此繁忙的河道吗?这里有那么多帆船,

它们都满载着货物。真令人难以置信！"

我们在这个富裕的城市住了一小段时间，然后继续朝着土番的城垛进发。稍早之前，大约是在一二五八年，这些山脉已被忽必烈的哥哥蒙哥征服。土番到处都带着战争的烙印：几乎所有的城镇都已被摧毁、遗弃。因此，有一天晚上，我们没能找到客栈，只好露宿街头。突然一阵爆炸声从黑暗中传来。

"这是什么声音？"我惊叫。

"别担心，波罗大人，这是竹子燃烧时发出的爆裂声。这里没有房屋，旅客只能睡在壮丽的星空下。他们用竹子的爆裂声驱赶老虎、熊和其他野兽。"

我觉得这个方法不错。为了保证我们营地的安全，我也赶紧点燃了一大堆竹子。

第二天，我们继续赶路。我们连续骑行了二十多天，在此期间，我们没见过任何一座村庄。然后，几个显眼的小寨子出现在了陡峭的山崖上。居民尤其热情地招待了我们。一位老妇人带着几个年轻女子来到了我们面前：

"外乡人，我恳请你们收留这些姑娘，她们渴望服侍你们。"

我问我的同伴：

"她们想干什么？告诉那个老太婆，我们不需要人伺候。"

"你弄错了，大人。她们不是来找工作的，她们只是要我们成为她们的情人。在这个地方，闺中女子并不值钱。为了找丈夫，这些待嫁的女子必须证明，她们已经和大量男子在一起共处过。"

尽管这一奇特的习俗有违伦理，但是为了让主人高兴，我还是挑选了一位姑娘并和她一起过了夜。第二天，当我重新上马的时候，我感到了一丝忧伤，我必须和温柔的情人说再见了。但我的忧伤马上就烟消云散了，因为我的同伴告诉我，这片区域都有这个习俗。

然后，我们穿越了**建都州**，再次跨过了江水。河的对岸，就是此行的目的地，我奉命考察的哈刺章。这一地区拥有无法估量的自然财富：细流中携带着金沙，湖泊中蕴藏着金块。在哈刺章的西面，还生活着一群被称为**金齿族**的人，这一民族的男性都习惯用金箔包裹牙齿，因此得名。

建都州： 即建昌，现在的四川西昌。

金齿族： 可能是傣族的先民。

在偏远的哈刺章行省待了数周之后，我们动身原路返回汗八里。

中国的地形差异很大：西部有沙漠、草原和难以逾越的高山；东部有长江、黄河（都是世界最长的河流之一）灌溉下的广袤平原。

1. 漓江
2. 黄河
3. 云南的梯田

黄河
由于河水中携带着大量黄土，因此它被称作黄河。它是华夏文明的摇篮。

稻田
躬身田间，脚踩泥泞。七千年前，农民已经学会了种稻。这一辛劳的工作由以下几个步骤组成：耕地、灌溉、插秧、收割和打稻。

长江
长江全长约六千三百公里，是仅次于尼罗河、亚马逊河的世界第三大河，拥有众多支流，最终汇入太平洋。它是中国最重要的水道。

"我们的周围,是一片生机盎然的旷野,花园、果园、树林、麦田交错……"

熊猫

熊猫生活在中国中部的森林里,它们几乎只吃竹子。这一濒临灭绝的物种如今得到了有效的保护。

4. 熊猫

5. 蒲甘(缅甸)

蒲甘城

蒲甘王国如今位于缅甸境内。在公元十一世纪到十三世纪,它曾经繁荣一时,之后,它在蒙古人手中走向衰弱。作为大国首都,蒲甘城曾拥有数以千计的宏伟建筑:宫殿、寺院、庙宇和佛塔。

宋

"朕派去南方的密使今天上午回来了,让波罗大人进来!"忽必烈向聚集在朝堂上的臣工下令。"马可,很高兴再次见到你,你从哈剌章带来了什么消息?"

"陛下贤明的皇孙谨遵陛下的命令,勤勉、妥善地治理着哈剌章七州。他的任务往往非常艰巨,刑讯逼供之下,乱民宁愿选择吞毒自尽!

"在哈剌章期间,臣与陛下的几位将领进行了交谈,他们向臣描述了一场针对**缅国**及**班加剌国**国王的大战。由于担心中国军队入侵,缅国及班加剌国国王率先对**永昌**发动了进攻。他拥有两千头大象,大象背上架设木制象楼,象楼中暗藏弓箭手,象兵后面还跟着六万骑兵和无数步兵。这是一支令人生畏的军队,而陛下的将领只拥有一万两千名骑兵。为了抵御强敌,他们施用了巧计:他们在树林前布阵,一见到象兵进攻,就撤入了树林中。大象跟着进入了树林,马上乱作一团。受

缅国:即上缅甸,都城在太公城。

班加剌国:即蒲甘,下缅甸,都城在蒲甘城。

永昌:即现在的云南保山。

惊的大象一边尖叫，一边互相打斗，毁掉了架设在它们背上的象楼，肆意踩踏着落在地上的士兵。趁这个时候，陛下骁勇的战士万箭齐发，然后，手持大刀或**骨朵**，向敌人发动了冲锋。他们将敌人打得落花流水，最终赢得了这场战争的胜利。"

"太棒了，马可，朕对你的汇报非常满意。朕知道你还有许多事情想要告诉朕，不过以后再谈，现在，你好好地去享受汗八里的生活吧！"

我并没有歇太久，到了一二七八年，忽必烈又给我派了一项新任务。

"马可，朕的军队已于一二七六年攻克了南宋的都城**行在**。宋朝的势力正在消亡，不久之后，朕将接管宋朝所有的领土。如今，朕已经控制了南方的一大片区域，朕需要几个忠实、得力的人去那里征税，所以，朕决定派你去治理紧邻江水的**大运河**畔城市扬州。"

"臣愿为陛下效犬马之劳。臣稍做准备，即刻启程。"

几天后，我离开了汗八里。然后，

骨朵：像长棍一样的古代兵器，用铁或硬木制成，顶端瓜形。

行在：即"行銮驻畔的所在"，现在的浙江杭州。北宋灭亡后，南宋为了显示收复故土的决心，称实际都城为"行在"，元朝早期沿用了这个名称。

大运河：即京杭大运河。

我沿着大运河，朝着东南方向骑行。在前往扬州的路上，我并没有遇到任何阻碍。大汗为使者专门设立了许多驿站，借助这些驿站，我得以日行千里。事实上，鞑靼人已在中国的各条主干道上建立起了一套驿站网络。信使和使节可以住在驿站里，还能用筋疲力尽的马匹换取体力充沛的马匹。紧急情况下，信使甚至能够在驿站间全速奔驰。当他们接近下一个驿站的时候，号角就会响起，马匹会被提前准备停当。他们换完马匹之后，无须任何停留，可以立刻继续赶路。如果需要，他们还能连夜骑行，开道人会用火把为他们照亮前路。

扬州是一座富裕的城市，这里的居民主要从事工商业。扬州周边驻扎着大量鞑靼军队，这些军队养活了许多打造兵甲的工匠。

我在扬州任职期间，多次造访了南宋的故都行在。每次去行在，都要乘船沿着大运河航行好几天。我在大运河上，遇到过各种满载盐、米、糖、生姜、胡椒、丝、麻、铁矿、炭、木材和许多其他货物的商船。

"天堂"行在与威尼斯非常相似。它坐落在钱塘江畔，处于大洋和西湖之间，也是一座被水围绕的城市。行在的街道都是用砖石铺成的，它们四通八达；行在还拥有多条相互勾连的运河，有一万两千座石桥或木桥，凌驾在这些运河上面。主干道两侧矗立着拥有精致花园和亭台楼阁的华丽府第。每个街区都设有浴场，居民习惯在那些浴场里泡澡。位于城西的西湖，是行在最舒适的地方。达官贵人的优雅府第、"偶像信徒"的雄伟庙宇和许多郁郁葱葱的园林占据着湖畔各处。

有一天晚上，我正在湖畔散步纳凉的时候，遇到了一个小男孩。他正在清洗一条彩篷小船。

"嘿！小孩！这条船是干什么用的？"

"用来玩，大人。当地人劳作后喜欢来这里游湖。他们会结伴租船，荡漾水上。有时候，他们也会在船上举办酒香四溢的盛宴。"

"你能告诉我，湖心岛上的府第属于哪些人吗？"

"那是城中显贵专用的。如果您有钱，您想操办婚礼或其他庆典，您不仅可以租船，还可以租用岛上的府第。那里面，所有的东西都一应俱全。"

我喜欢极具魅力的西湖，也很向往像当地居民那样恬静地生活，但我更喜欢赶集时笼罩在城市上空的喧嚣。行在拥有众多街市、商号、作坊、医馆、药铺和算命铺。每周三次，数以万计的人会拥进街市，买卖各种商品。

我喜欢混在人群里，靠近那些肉铺。肉铺上，摆放着各种食物：鸡、野鸡、鹌鹑、鹅、鸭子、鹿、兔子、水果和蔬菜，新鲜海鱼的鱼腥味夹杂着白胡椒的芬芳。家畜在街市上被直接宰杀，屠户按买家要求切割牛羊。他们甚至也卖马肉和狗肉。

有一天，我正在和一个香料贩子讨价还价，忽然，有几声巨响传来，掩盖住了街市的嘈杂。

"怎么回事？"

"这是火警，不过别担心，这很平常，因为城市中的房子都是木结构的，所以我们必须提高警惕，时刻准备灭火。卫兵会在哨塔上监控着城市的每一个角落。一有可疑的浓烟，他们就会报警。然后，卫兵会立刻赶赴现场，扑灭火苗，救助生命。物品、家具和有价值的文书会被转移到石制安全塔内或者湖心岛上。"

绚丽多彩的行在时刻诱惑着我。当忽必烈召我回宫的时候，我几乎已经忘掉了汗八里。

九六〇年，**宋朝**建立并开始统治中国。然而一一二六年，北方女真部落入侵中原，朝廷被迫南迁至杭州。在一二七九年蒙古人入侵之前，宋朝一直对中国南方进行统治。

妨碍
女性缠足之后就无法再自如走动了，它对生活是一种妨碍。

三寸金莲
缠足的习俗兴于宋朝。三寸金莲当时被认为具有一种阴柔之美。

缠足的女人

"我多次造访了南宋的故都行在。"

中国的瓷器
宋朝的瓷器因其独特的造型和典雅的色泽闻名于世，其中最受推崇的，是象牙色的定窑瓷和色彩介于绿蓝灰之间的青瓷。它们的线条通常质朴而优雅，因为当时的帝王认为，极致奢华就是简约。

瓶子

青瓷双嘴壶

头饰

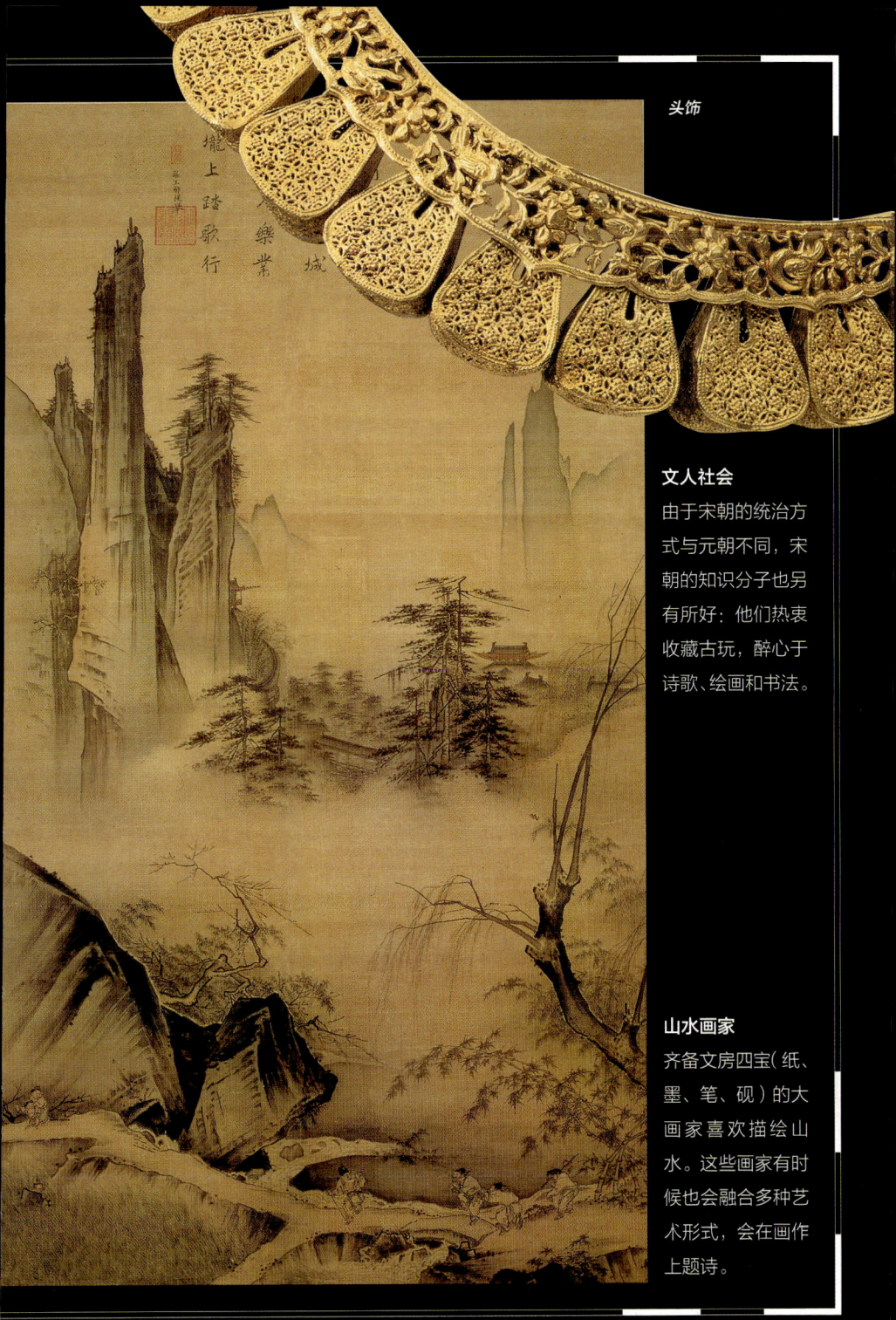

文人社会

由于宋朝的统治方式与元朝不同,宋朝的知识分子也另有所好:他们热衷收藏古玩,醉心于诗歌、绘画和书法。

山水画家

齐备文房四宝(纸、墨、笔、砚)的大画家喜欢描绘山水。这些画家有时候也会融合多种艺术形式,会在画作上题诗。

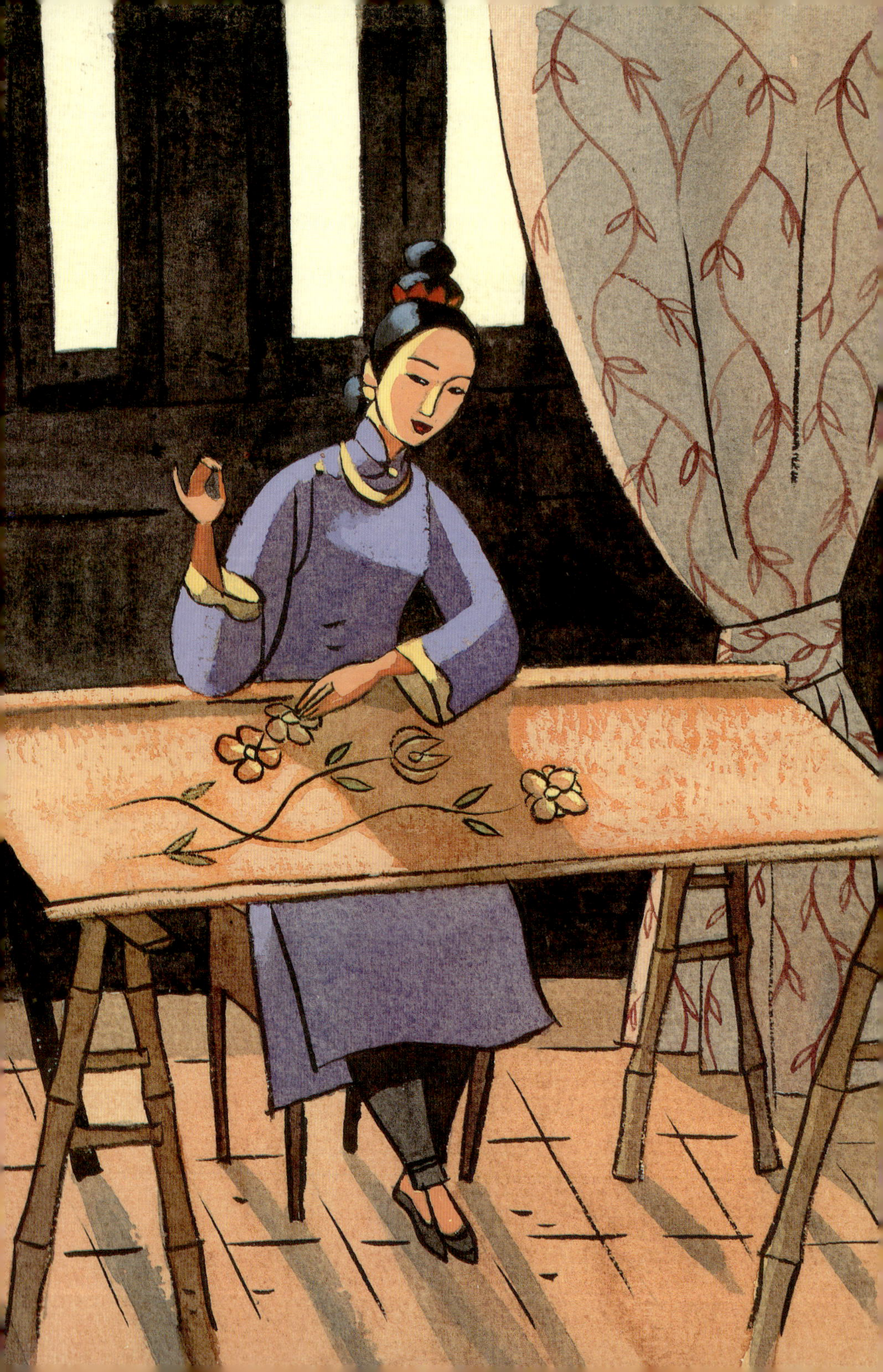

蓝色的王妃

为了治理扬州，我在南方已经待了整整三年了，我很高兴能够再次见到父亲和叔父。他们的头发已经花白，脸上也新添了皱纹，不过他们的身体依旧健朗，处理事务依旧干练。

"儿子，非常高兴你能回来。说来听听，在南方，任务执行得还顺利吗？"

"是的！忽必烈很满意我的工作。他的心情一定很好：江水灌溉下的土地尤其肥沃，南方的财富源源不尽。而且，南宋的最后一个皇帝在一二七九年投海自尽了，现在，大汗已经控制了整个南方，并获得了这片区域的大量赋税。"

为了给我接风，宫里连续欢庆了好几天。大汗赏赐给我几匣珠宝，这是他对我工作的肯定。我成了皇帝信任的人，从今往后，我将前程似锦。

之后几年，忽必烈不断给我封官加爵，并多次派我出使外国。比如说，在一二八四年间，我去了**锡兰**，因为忽必烈想要从锡兰国王那里买一颗璀璨的红宝石。锡兰国王借口这颗硕大的宝石是他

锡兰：即现在的斯里兰卡。

家祖传的，必须留给儿子，拒绝了忽必烈的要求。四年后，我又作为使团中的一员，被派往**占巴**谈判。作为撤军条件，占巴必须向中国称臣纳贡：每年贡献二十头大象和一批优质的沉香木。

> **占巴：** 即占婆国，位于现在的越南境内。

十三世纪九十年代初，父亲和叔父首次提及想要返回威尼斯。尽管我深受大汗赏识，因此享有诸多特权，但我也很想回家。于是，我们决定面见皇帝，请求他允许我们离开中国。

"陛下，臣和臣的哥哥都已经老了，臣等是时候回国了。"

父亲接着说：

"臣等想回威尼斯，臣的妻子正等着臣，臣希望与她团聚，并与她共度余生。"

我说：

"臣为陛下效力了十五年，受益良多。臣别无所求，如今，只愿回国看望臣的家人。"

皇帝大叫：

"这可不行，朕非常宠爱众位爱卿，想要众位爱卿留在朕的身边。朕拒绝放行。马可，你想一想，你才三十六岁！朕还有许多事情要交给你去办。"

之后几个月，我们又多次面见了皇帝，但都没有成功。

我们苦苦等待了一年，这时候，一个意外使事态发生了转折：东鞑靼君主阿鲁浑的三个密使来到了中国，为他们的君主挑选了一位王妃。北方的道路，已经被鞑靼贵族之间的战争堵死，他们想带着王妃通过南方的水路回到波斯。当他们得知，我曾多次穿越中国海和印度洋之后，苦苦哀求大汗让我为他们引路。忽必烈不情愿地答应了他们，并同意让父亲和叔父与我同行。临行的时候，忽必烈赏赐了我们许多东西，并向我们道别。

"朕不想众位爱卿离开，但既然你们执意如此，朕也不好久留。这是几道刻有皇家印信的金牌，有了它们，你们就可以在朕的帝国畅通无阻。朕还要你们带几封信给教皇、法国国王、西班牙国王和其他基督教国家的君主。"

"谢陛下！陛下的慷慨和信任令臣等感激不尽，臣等将是陛下最忠实的仆人。"

"尼古剌，玛窦，朕就将朕侄孙阿鲁浑的未来新娘托付给你们了。她只有十七岁，名叫阔阔真，意为'天蓝色'，你们要把她当作亲生女儿照看！"

阔阔真礼貌得体，是一位非常漂亮的王妃。她的甜美笑容总是透露着质朴。和中国其他所有年轻女性一样，她也小步走路，蛾眉低垂。她的话不多，从不会流露出

一丝急躁。她总是和其他人保持着距离，不参加宴会，不一起玩闹，也不关注其他男孩。大多数时间里，她都在自己的房间里忙于刺绣。她的内敛性格改变了我对鞑靼女性的看法，我本以为她们也会像那些鞑靼男人一样，在大草原上放纵驰骋……

一二九一年，我们从南方城市**刺桐**登船。忽必烈给我们准备了一支拥有十四条大船的船

刺桐：即福建泉州。

队，每条船都拥有四根桅杆和一块可以容纳六十个船舱的大甲板。我将阔阔真、她的侍女、她的侍臣、阿鲁浑的三个密使、父亲和叔父安排在一条船上，其他的船，则由随行的六百名贵族占据。

当船解缆启航的时候，为了最后再看一眼故土，阔阔真羞涩地走出了船舱。她凝望着往来穿梭的货船：印度驶来的船，满载着珠宝、名贵木材和香料；刚从刺桐出发的船，则满载着南方出产的商品。阔阔真的行囊里

也有许多来自祖国的珍宝：五颜六色的丝织品和举世闻名的典雅青瓷。

我们沿着南方和占巴的海岸线全速航行，然后，在一个名叫**罗迦克**的地方改变了航向。我们的船长是一个经验丰富的航海家，他经常出入中国南海。他的身上带有好几处刺青：胸前文着一条龙，右臂上文着一个虎头。他是一个非常友善的人，很乐意与我们分享知识。他向我们介绍了途经国家和周边列岛的情况：

"这个地方出产多种名贵木材。有些是红色的，比

罗迦克：确切位置不详，可能位于现在的泰国境内。

如说苏木；有些是黑色的，比如说乌木；有些能够散发出香气，比如说樟木、沉香木和檀香木。这个地方还到处长满了香料：有胡椒，有肉豆蔻，有丁香，有高良姜还有许多其他品种。"

这些信息对我很有用，因为我知道，到了威尼斯之后，这些关于香料买卖的知识将价值连城。

绕过罗迦克半岛之后，我们在苏门答腊岛靠了岸。我们需要补给一些水和食品。不幸的是，糟糕的天气阻碍了我们再次出海。我们无法继续前进，只能下船，就地搭建了五座带有宽阔壕沟的木头城堡。岛上的一些居民过来向我们兜售大米、鱼、椰子和棕榈酒。

我们在苏门答腊过得并不如意，根本不该来这里。这个地方很危险，有野生动物和野蛮部族出没。我们要防范犀牛，它们浑身长毛，壮如大象，时常攻击人，并会将人踩踏至死。我们还要防范住在岛上的大量食人族。为了吃肉，这些凶神恶煞会毫不犹豫地抓捕外乡人。

为了自保，我们在高墙后面躲了整整五个月。然而，这些高墙却无法挡住疾病的侵袭。瘴气和昆虫使大多数随行人员和水手得了疟疾。我们死了许多人，其中包括阿鲁浑三个密使中的两个。

东方的香料在中世纪可谓奢侈品。它们被制作成药剂、药水、油膏和香精,用以储存食物,为菜肴添味,甚至掩盖一些不新鲜的食物的异味。

姜饼

丁香

茴香

白胡椒

生姜

肉豆蔻

胡椒

产自印度西南部的胡椒可以直接食用,也可以磨成粉末。如果还没有成熟就把它们采下来,并储存在盐或醋里,那它们就是绿色的;如果还没有成熟就把它们采下来,并放在太阳下晒干,那它们就是黑色的;如果成熟后再把它们采下来,去皮并在太阳下晒干,那它们就是白色的。如今,胡椒作为调味料在烹饪中被大量使用,但在过去,它的价格非常昂贵,甚至与黄金等价。

采集胡椒

"这个地方还到处长满了香料：有胡椒，有肉豆蔻，有丁香，还有许多其他品种。"

丁香和生姜
前者作为药剂被用于治疗感染和疼痛，尤其被用于治疗牙痛。后者可以直接用于烹饪，或晒干、浸泡后食用。

肉豆蔻
肉豆蔻研磨成粉末后可以用于烹饪。它也可以入药或者制成香精。

藏红花
世上最昂贵的香料，它既是食材也是染料。它可以将材料染成黄色。

小豆蔻
它被用于多种印度菜肴，既能够帮助消化，也能够清新口气。

肉桂

绿胡椒

藏红花

小豆蔻

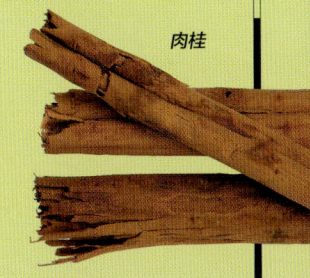

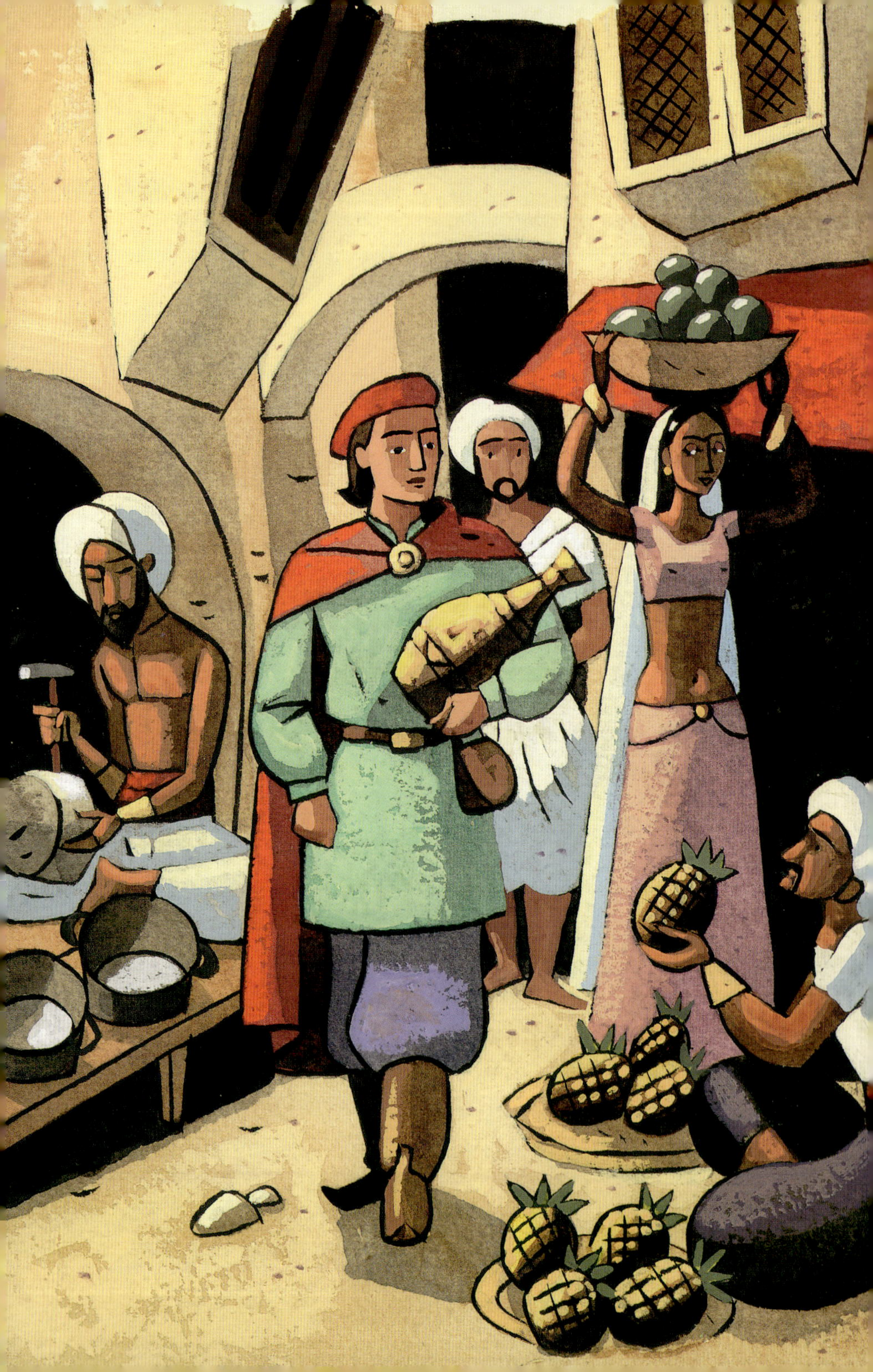

印度探险

天一转晴,我们就立刻从苏门答腊出发,继续向西航行。然而,不幸的是,我们的厄运还没有结束。一天夜里,当我们航行在**捏古朗群岛**和**案加马难群岛**之间的时候,可怕的风暴降临了。我们在黑暗中与残酷的天气作抗争。狂风和巨浪粗暴地肆虐着我们的船,眼看它就要解体了。

捏古朗群岛:即印度尼科巴群岛。

案加马难群岛:即印度安达曼群岛。

"船长,我们的船还能撑多久?"

我焦急地问。

"天知道!情况很糟,但我们要有信心。这条船很结实:船壳是用铁钉固定的,有好几层木板。甲板下面有十三个隔水舱,因此,就算船壳破了一个大洞,水也只能涌进一个舱室,无法吞没整条船。这种结构挽救过许多船。"

连续几个小时,闪电不断地划破长空,大雨不断地倾泻到我们头上。然而,到了凌晨时分,天空奇迹般地放晴了。当暗淡的太阳从海平面上升起的时候,我才发现我们蒙受了巨大的损失：零乱的舰队只剩下九条船了。即使没有沉没，它们看上去也很狼狈：有的船帆被吹破了，有的桅杆被扯断了，有的船壳被凿穿了。我们用手头仅有的资源对船进行了简单处理，然后，继续朝着印度前进。

尽管舰队看上去残破不堪，但我们还是抵达了印度东南岸。在经历了千辛万苦之后，我们终于在**马八儿王国**的一个港口登上了陆地。脚踏实地的感觉真好。父亲、叔父、阔阔真和我住进了一间小客栈里，我们一连休息了好几天才缓过神来。然而，我们短暂的休整被船长的汇报打断了：

马八儿王国： 即注辇国，朱罗王朝。现在印度的泰米尔纳德邦。

"波罗大人，我和木匠一起检查了我们的船。他说，有两条船不能用了。另外七条船可以修，但要花好几个星期。"

这意味着，我们得在这里耽搁一段时间。尽管这个消息令我非常不快，但我不想受它的影响，我决定利用这段空闲去做几笔好买卖。

第二天，我来到了一位资深珠宝批发商的店铺里。他热忱地接待了我，并答应向我展示一部分珍品。他把

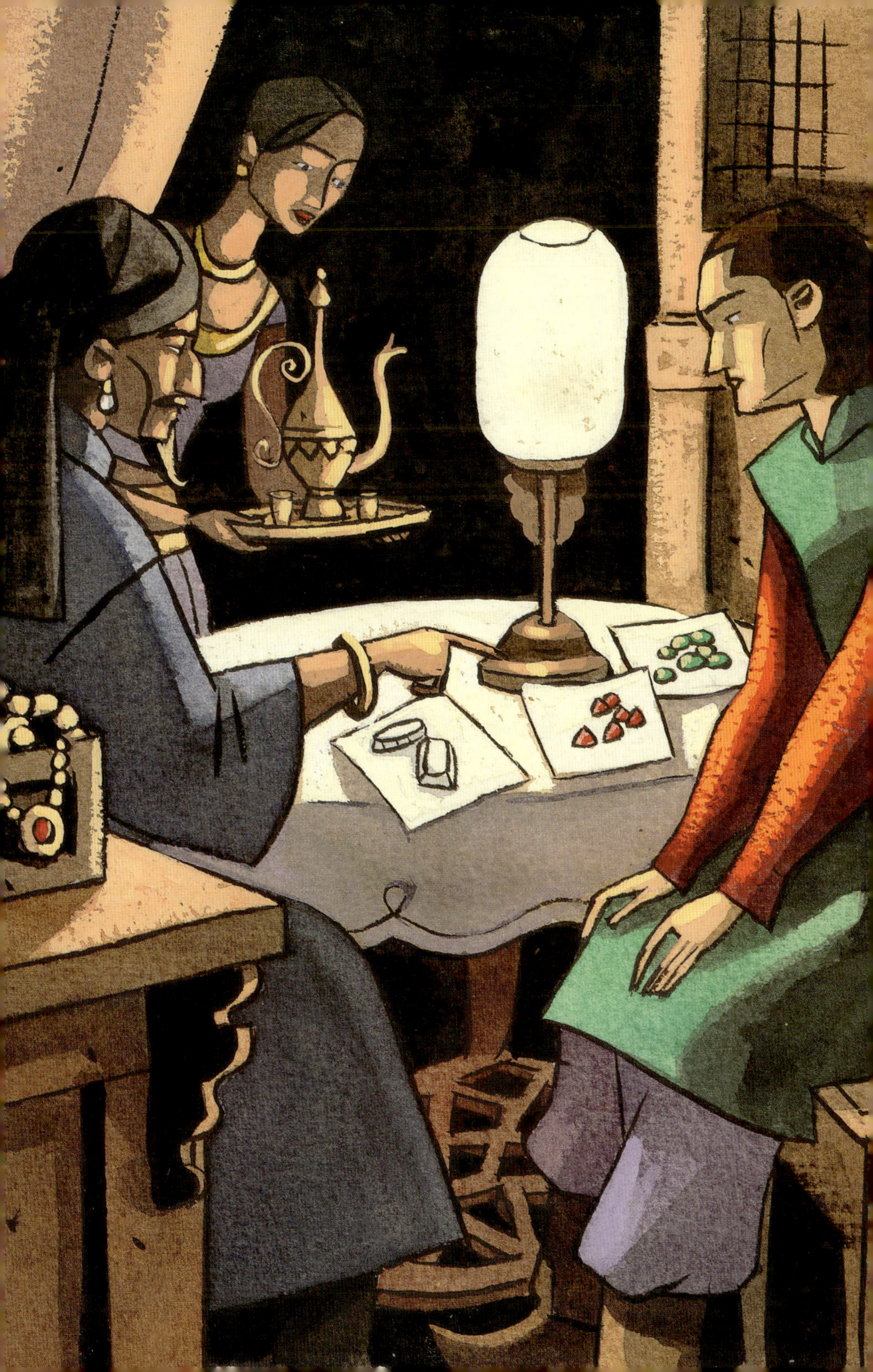

黄玉：也叫黄晶，一种黄色宝石。

紫晶：也叫紫水晶，一种精美的紫色石头。

石榴石：一种精美的深红色石头。

一些红宝石、蓝宝石、**黄玉**、**紫晶**、**石榴石**和珍珠陈列在我面前，然后告诉了我一些关于珠宝贸易的信息：

"这些精美的珠宝都是马八儿和锡兰出产的，正是它们，让我们的国家变得富有。我们的国王对珠宝贸易进行了严格的管控。只有最小颗的珠宝，才能够自由买卖。其余的，都被国王以双倍的价格收购了。不得不说，我们的国王非常迷恋珠宝，他通常会戴两条项链，其中一条用黄金打造，上面镶嵌着珍珠、红宝石和蓝宝石；另一条用丝带串着，上面有一百零四颗珍珠和红宝石。一百零四这个数字，代表着他每天需要念经

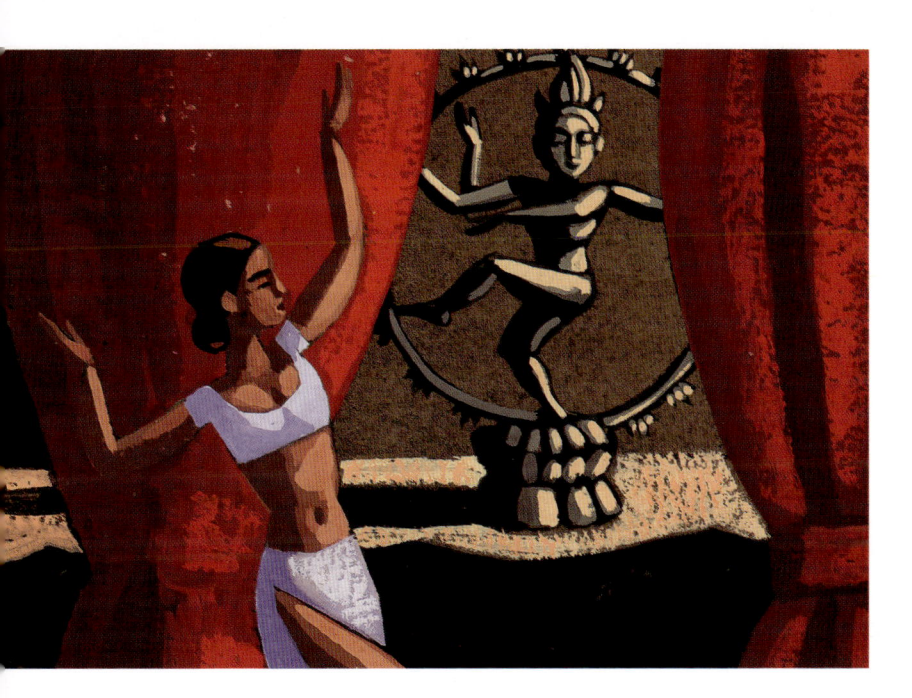

的次数。我们的国王还会佩戴手环、脚环，并在每个手指和脚趾上佩戴戒指。"

"我想从您这里买一些珠宝。您有金刚石吗？"

"没有。马八儿不出产金刚石。如果你想要，可以去**木夫梯里王国**，它在遥远的北方。"

木夫梯里王国：即印度莫图帕里港，这里指卡卡提亚王朝，现在印度的安得拉邦。

接着，我们进行了激烈的讨价还价。经过了长达几小时的交涉，我最终提着满满几袋昂贵的货物，满意地走出了他的店铺。

我旋即返回了客栈，并告诉父亲和叔父，我想去木夫梯里王国找金刚石。

印度探险

"去吧,马可,但别耽搁太久了,"父亲说,"这段时间,我来监督他们修船。"

第二天早上,我在一个皮肤黝黑,身上只系着一条腰带的年轻向导陪同下,沿着向北的道路出发了。在我们骑行的过程中,他一边不停地嚼着**槟榔**,一边向我介绍当地的风俗:

槟榔: 一种植物,它的叶子中含有猩红色的汁,可以提神。

"对我们来说,清洁至关重要。这里的男人和女人,每天早晚都会去河里洗澡。当我们吃饭或做其他高贵事务的时候,我们只用右手,因为我们的左手用来做一些肮脏的工作。我们还是一个非常迷信的民族。在做任何重要决定之前,都会征求巫师和神明的意愿。我们害怕每天的'凶灾时辰',所以在这段时间里,我们什么事情都不做。我们还用许多征兆,比如说喷嚏、呼噜、燕子的飞行方向和蜥蜴的爬行方向,来判断吉凶。"

一路上,我们经过了好几座城市。在这些城市里,我见到了一些用怪异动物雕塑装饰的宏伟庙宇!

有一天,在好奇心的唆使下,我走进了一座庙宇。一条幽暗的长廊呈现在了我的眼前。长廊两侧竖立着立柱，在长廊的尽头，有微光正在摇曳。我朝着微光走去，发现四周都是浮雕和壁画，上面刻画着舞者、乐师和杂耍者的形象。歌声伴随着刺耳旋律，正变得越来越清晰。于是，我悄悄地溜进了这座摇曳着微光，荡漾着歌声的神殿。

我刚进入神殿，就被眼前的一幕惊呆了。在火把和蜡烛的映照下，几个近乎全裸的年轻姑娘正在那里翩翩起舞，毫不掩饰地展示着她们的身体线条。在她们面前，还摆着一个祭坛，祭坛上面放着一尊用华盖遮蔽的铜制偶像。焚香袅绕中，这位拥有四条手臂的神祇正在一个火圈里跳舞；他的头上，戴着一个花冠、一弯新月、一个骷髅和一条眼镜蛇；额头正中央，睁着一只天眼；几条蛇成为了他的手环。在迷人舞者和音乐的诱惑下，我在阴影中悄悄地逗留了很长时间。当我溜出神殿之后，我找到了我的向导。他告诉我，我刚刚参加了一场崇拜舞神**湿婆**的宗教仪式。

湿婆： 印度教三大主神之一，他是毁灭之神，也是舞蹈之神。

我们继续骑行。由于天气炎热，我的心情并不好。然而万幸的是，我的向导很健谈，他又开始向我介绍起了印度的风俗，这让我立刻兴奋了起来。

"在我们这里，一些人被称为瑜伽修行者，他们自愿选择贫苦和禁欲的生活。这些圣人不穿衣服，没有财产，在地上睡觉。他们认为，包括苍蝇、跳蚤、寄生虫和毛毛虫在内的所有动植物都有灵魂。他们拒绝杀生，拒绝吃肉，食量非常小，而且只吃面包和米饭，只喝牛奶和水。尽管他们的生活状态很糟糕，但有人说，他们能活到一百五十岁或者两百岁！"

我的向导滔滔不绝地讲了许多，我也从中受益匪浅。我们一路都没有歇脚，一直来到了马八儿的边境。

这里有一座城市名叫迈剌坡，**圣多玛斯**就安息在这里。为了传教，圣多玛斯从叙利亚出发，于公元五十二年来到了印度。这位使徒在迈剌坡向当地居民宣讲基督教义，并在二十年后去世。他被就地埋葬，于是，这座城市成为了一个朝圣地。我走进他曾倾注心血的教堂，并在那里虔心祈祷。我祈求天主保佑我们，能够顺利返回威尼斯。我还在圣人去世的地方取了一些泥土，据说，这种红土可以治愈多种疾病。

> **圣多玛斯：** 即圣多默或圣多马，基督的十二使徒之一。

我们在这片生长着椰子树，居住着孔雀的乐土待了三四天，然后继续上路，径直来到了木夫梯里王国。由于时间紧迫,我们只在这片区域作了短暂的停留。我非常轻易地搞到了一些金刚石,然后,启程返回。

我们一路匆忙,回到了舰队停靠的马八儿港口。父亲正微笑着等待我:

"马可,船都修好了!我们终于可以起锚出港了!"

十三世纪，印度南部滋养了两个繁荣富强的伟大王朝：建于坦贾武尔的朱罗王朝和建于马杜赖的潘地亚王朝。这两个富有、强大的王朝都兴建了华丽的宫殿和壮观的庙宇，热爱艺术、文学和科学。

神圣的舞蹈

泰米尔纳德邦是舞神湿婆的故乡。模仿湿婆与黑天奇遇的舞蹈，婆罗多舞也诞生于此。

在坦贾武尔的神庙里

细密画描绘了黑天（印度教神祇）和他的情人罗陀在一起

爱的珍宝

印度的首饰五花八门、璀璨绝伦。印度人用黄金、珍珠、红宝石、蓝宝石和其他宝石制成各种发饰、耳环、项链、腰带、手镯和戒指……

布里哈迪希瓦拉神庙：湿婆的神庙，最美的印度教神庙之一。

坦贾武尔的伟大神庙
朱罗王朝于公元十世纪修建的布里哈迪希瓦拉神庙是一座宏伟的金色建筑，它的金字塔型圣殿高达六十六米。

湿婆

瑜伽
为了使精神能够从物质的束缚中解脱出来，瑜伽修行者放弃财富和尘世间的欢愉，通过冥想和肌体修炼对自己强加苦刑。

"我刚刚参加了一场崇拜舞神湿婆的宗教仪式。"

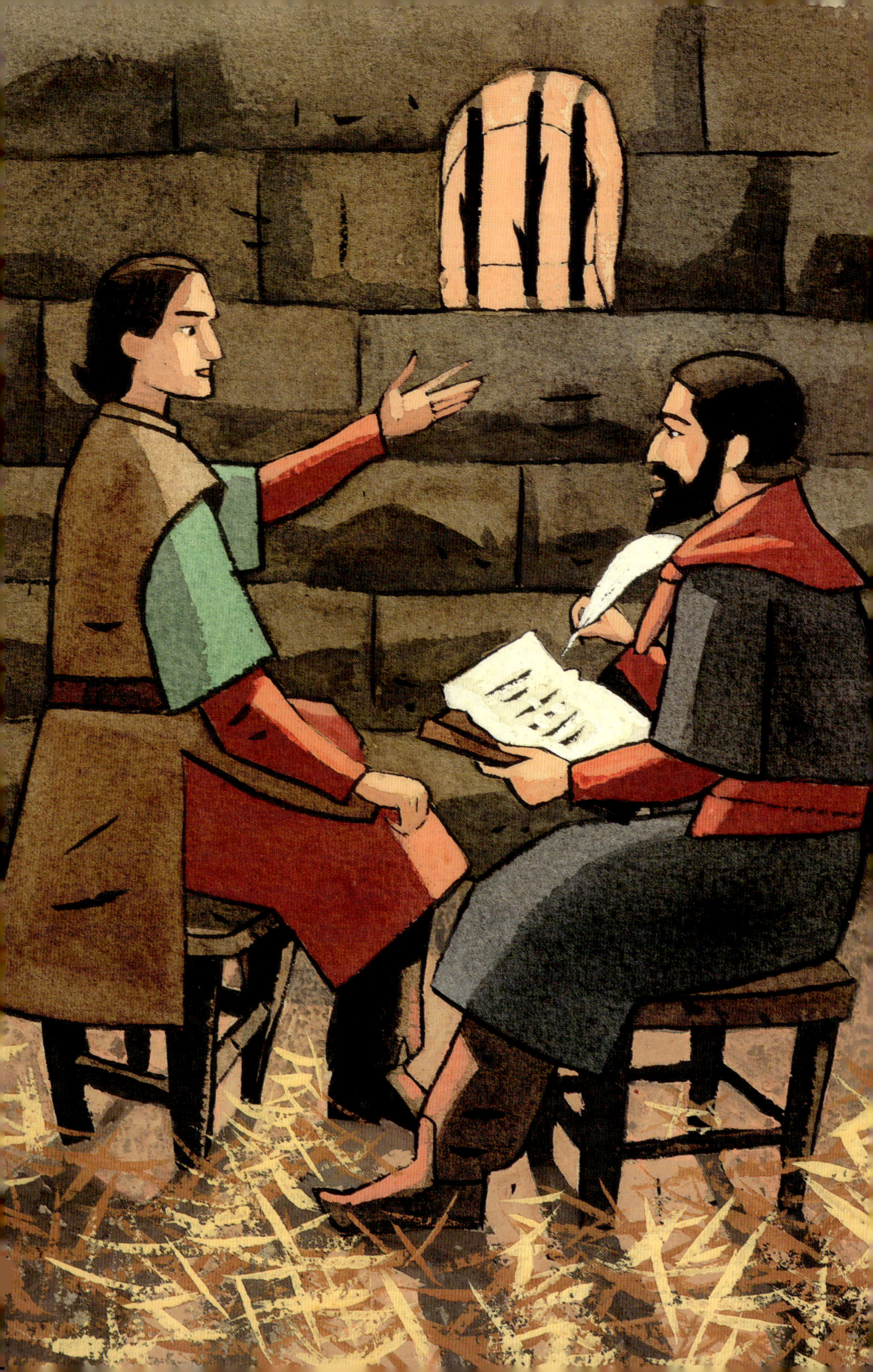

返回威尼斯

当我们正要从马八儿出发的时候,一些随行人员告诉我,他们已经厌倦了如此危险的旅程,他们想要回中国南方。他们的忧虑不无道理,我欣然接受了他们的请求,并留给他们两条船。阔阔真噙着热泪与几位宫中侍女作别,接着,我们就解缆启航了。

我们的舰队顺着马八儿海岸一直向南航行,然后,我们沿着印度角转了一个弯。我靠在舷窗边,呆呆地望着海岸线。有时候,船长也会凑过来,评论几句从我们眼前缓缓远去的风光:

"这个地方常有野生动物出没:有黑豹,有老虎,有猞猁,有熊,还有巨大的猴子。我们还能在这里见到孔雀、白鹦鹉和红鹦鹉。"

然后,我们顺着印度西岸向北航行,抵达了**俱蓝**。俱蓝是一个繁忙的大港,这里有来自世界各地的商人。来自中国南方的商船会在这里卸下大量的丝绸和瓷器,来自**阿刺壁**的商船,则

俱蓝:即印度城市奎隆。
阿刺壁:即阿拉伯。

会在这里卸下大量的马匹,然后,它们都会装上本地出产的胡椒、肉桂、生姜和**靛蓝**,满载而归。

> **靛蓝:**从一种名为木蓝的植物中提取的蓝紫色染料。
>
> **胡荼辣王国:**即现在印度的古吉拉特邦。

我们在俱蓝作了短暂的休整,然后继续航行,向**胡荼辣王国**进发。有一天,当拂晓快要来临的时候,我被瞭望员的叫喊声吵醒了:

"海盗!右舷有海盗!我们被攻击了!"

我急忙冲向甲板,这时候,船长已站在甲板上发号施令了:

"所有人都撤到左舷!水手,快醒一醒!升帆!我们必须快速驶入外海!"

我被吓得僵立在那里,我知道,马拉巴尔海岸的海盗向来臭名昭著。这些无法无天的匪徒几乎无恶不作,他们掠夺商贩,敲诈旅客,会毫无顾忌地砍杀所有抵抗他们的人。如果他们找到妇女,还会对她们施加凌辱,甚至把她们当成奴隶。

"船长,我们能逃过这一劫吗?"

"我们必须和他们保持距离,然后逃到外海。"

"为什么我们之前没有看到他们?"

"因为他们提前在这里设下了埋伏。他们会躲在一

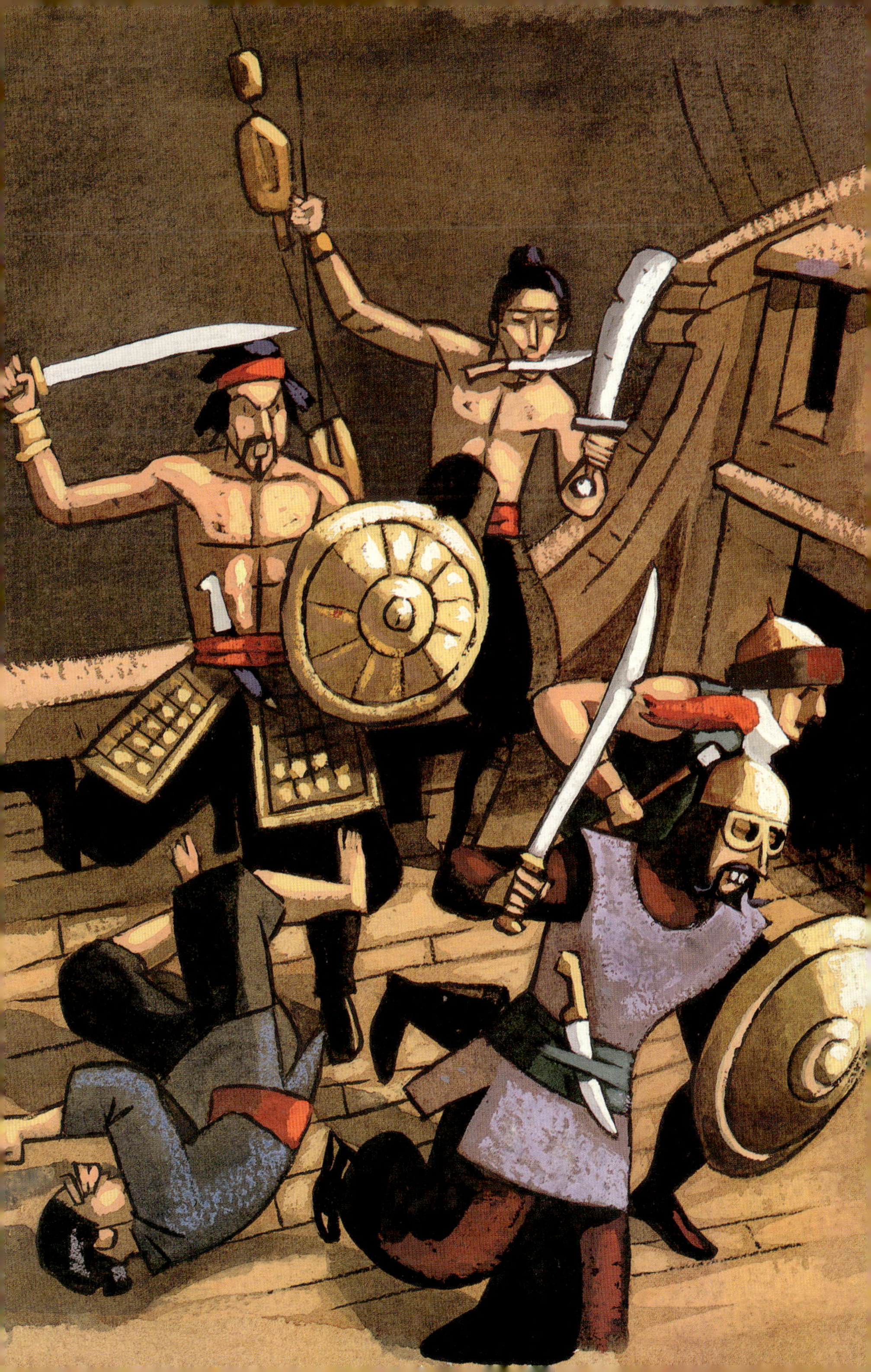

个小海湾里等待猎物,当猎物到来的时候,他们就会发动突然袭击。他们会尝试切断这些船只的前进路线,如果没有成功,他们就会展开追逐。然后,就是比拼速度。"

那一天,我们的船开得更快,因此我们保住了性命。落在舰队最后的那两条船,就没这么走运了,他们落入了海盗手里。我们知道,前去救援就等于白白送死。于是,我们只能忍痛抛弃了他们,满怀着自责继续前行。

我们路过了盛产棉花和皮革的胡茶辣王国。然后,我们继续顺着海岸航行,抵达了终点之前的最后一站,**克思马可兰王国**。接着,我们向波斯港口忽鲁模思进发:去中国的时候,我们曾经拜访过那里。当我们看见忽鲁模思

克思马可兰王国: 即现在的莫克兰地区,位于巴基斯坦与伊朗交界的海岸地带。

的时候,父亲、叔父、阔阔真和我都感到非常欣慰:我们终于平安抵达了目的地。一路上,我们多次化险为夷,要感谢我们的好运气。我们的船队原本拥有十四条船,现在,只剩下了三条。从刺桐出发的时候,我们共有六百人随行,现在,只剩下了十八人!阿鲁浑的三位密使中,只有一位得以幸存。一靠岸,这位名为火者的密使就赶忙向他的君主通报去了。几天后,他带着坏消息

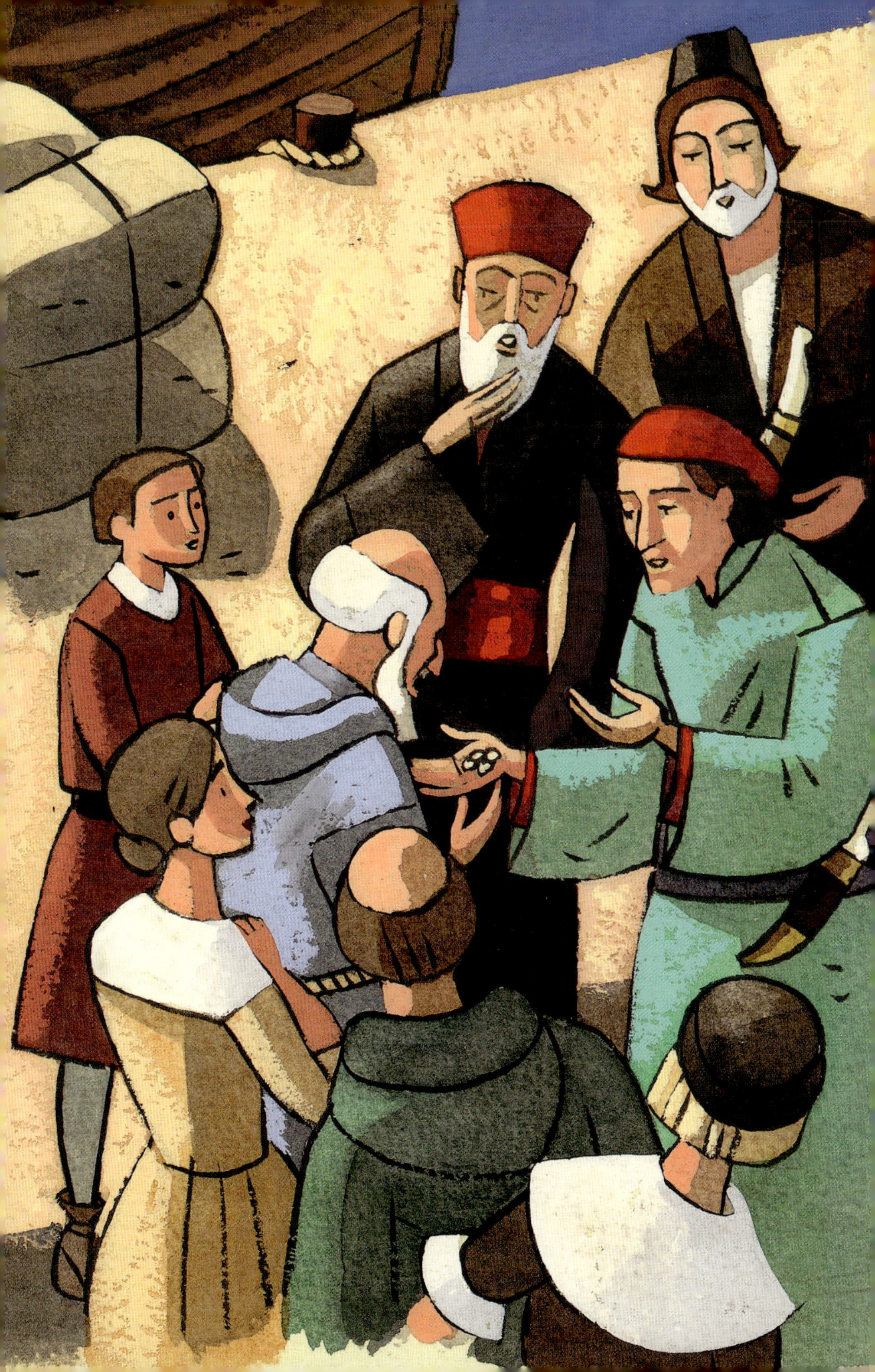

回来了:

"忽必烈于**今年**二月份去世了。"

由于我与大汗之间有着深厚的情谊,这条消息让我非常难过。我也可以想见,由于这次变故,帝国将变得分崩离析。毫无疑问,我将再也没机会重返中国了。

"阿鲁浑也去世了,这个国家将由阿鲁浑的儿子合赞继承。然而,合赞还太小,无法执政。现在,这个国家由合赞的叔父**乞合都**代为摄政。"

"这不关我们的事,我们该把阔阔真交给谁?"

父亲叹了一口气。

"我向乞合都提到了王妃的事情,他希望我们把王妃送给现在正在波斯北部戍边的合赞。"

我们遵从乞合都的意愿,立刻上路,穿越了整个波斯,来到了合赞那里。合赞得知火者是他父亲生前的朋友,热情地接待了我们。我们向他献上了温柔美丽的阔阔真。合赞很喜欢阔阔真,欣然同意娶她为妻。我们的使命终于完成了。于是,我们前去向王妃辞行。阔阔真向我们保证,她将在心底永远记着我们。然后,她悲伤地和我们道了别。

今年: 这里指一二九四年。

乞合都: 即海合都。

之后，我们返回了乞合都的王庭。我们决定在那里休整一段时间，并且利用这段时间采购一批货物。我们在波斯住了九个月，然后，我们决定经**特烈比宗德**、君士坦丁堡和**奈格勒朋**返回威尼斯。这一路，我们走得很顺利，只是当我们行经特烈比宗德的时候，被城市的统治者没收了几袋金币。

离别二十六载之后，我们终于在一二九五年回到了威尼斯。当我们来到自己家门前的时候，邻居都已经不认识我们了。父亲和叔父已变成了垂垂老人，我也不再是一个少年。这次重逢对我来说非常艰难，因为我几乎已经忘光了我的母语。现在，我只会说蒙古语、波斯语、突厥语和阿剌壁语。

为了打消人们的猜忌和疑虑，我们邀请了所有亲朋好友来参加一场盛宴。席间，我们讲述了我们的旅程，并向他们展示了我们从国外带回来的大量特产。

"你们看这些白绒毛，它们像丝绸一样顺滑，这些都是唐古忒**长毛大野牛**身上的毛。

特烈比宗德： 科穆宁王朝于黑海沿岸建立的帝国首都，即现在的土耳其城市特拉布松。

奈格勒朋： 即现在的希腊优卑亚岛，当时它是威尼斯人在爱琴海上的殖民地。

长毛大野牛： 这里指西藏牦牛。

带有麝香的小羚羊：
这里指麝香鹿。

"唐古忒还出产一种**带有麝香的小羚羊**，这是晒干后的兽头和兽蹄。这里还有几颗牙和一些麝香。"

亲朋好友品尝了各种香料，把玩了乌木器具，抚摸了我们从东方带回来的华丽服饰，对每一件东西都满怀好奇。好戏还在后面：当众人吃饱喝足之后，我们脱下了长袍，拆开了衣角。在众人诧异的目光下，我们从长袍的夹层里扯出了珍珠项链、宝石布袋、金牌和许多其他珍宝。有些人此时依然默不作声，而大部分宾客，在看了我们的奇珍异宝之后，都对我们深信不疑。从那以后，我们重新获得了邻居的爱戴和信赖，同时，我们也在威尼斯精英的行列中，找到了属于我们自己的位置。

尾声

几个月后,马可·波罗参加了威尼斯人针对吉那哇人的大战。一二九六年前后,他在一场海战中被俘,并被押往吉那哇堡。在被囚禁期间,马可·波罗结识了来自**皮撒**的骑士文学作家**鲁思梯谦**。马可·波罗诉说了他在东方的见闻,并请求鲁斯梯谦为他撰写回忆录。一二九九年,马可·波罗重获自由,并返回威尼斯。他继续经商,主要从事香料买卖。他娶了威尼斯一个显赫家族的继承人多那塔为妻,并养育了三个女儿:方梯那,卑勒剌和木肋塔。之后,马可·波罗一直居住在威尼斯,并平稳地度过了余生。一三二四年,马可·波罗去世,时年七十岁。

皮撒: 即意大利城市比萨。

鲁思梯谦: 即鲁斯蒂谦。

中世纪的地图中，只有三块大陆：欧洲、亚洲和非洲的一部分。非洲大陆的轮廓，直到十五世纪末，才因迪亚士和达·伽马的探险，变得清晰起来。一四九二年，哥伦布发现了美洲。直到一七七〇年，库克船长才抵达了大洋洲。

埃布斯托夫地图

狗头人

神话中的种族

怪物

神话世界

中世纪的欧洲人认为遥远的地方生活着各种怪物：恶龙、狮鹫、独角兽、美人鱼、独眼巨人，等等。马可·波罗也在《马可·波罗行纪》中，提到了生活在安达曼群岛的狗头人。

"马可·波罗诉说了他在东方的见闻，并请求鲁斯梯谦为他撰写回忆录……"

十二世纪的世界地图

地图

十三世纪的欧洲并不重视希腊人获得的地理知识。修士凭空绘制地图，这些地图既抽象又荒诞，混淆了神话与现实。在同一时期，阿拉伯人拥有更好的地图。

埃布斯托夫地图

基督教会总习惯把耶路撒冷放在地图的正中央。在这张地图中，耶路撒冷由一幅基督画像表示。这张地图还在许多其他地方参考了《圣经》，并画出了亚当和夏娃生活过的伊甸园。

《马可·波罗行纪》

马可·波罗的著作

被囚禁在热那亚的马可·波罗，于一二九八年前后，与狱友，来自比萨的鲁斯蒂谦结识。后者是一位宫廷作家，他替马可·波罗将口述的见闻和零散的笔记汇编成了一本回忆录。最初的手稿由法语撰写，虽然早已遗失，但现在仍存有大量抄本。《马可·波罗行纪》被翻译成多国语言，并冠以不同书名：有《马可·波罗游纪》《东方见闻录》《百万先生》《世界奇异书》《马可·波罗寰宇记》，等等。这部杰作自问世以来就广受好评。一五五三年，威尼斯人乔万尼·巴蒂斯塔·拉穆西奥出版了一部名为《航海与旅行》的文集，并将马可·波罗的叙述收入其中。从此以后，马可·波罗成为了最家喻户晓的中世纪探险家。

波罗家族在威尼斯购买的豪宅，它被当地人称为"百万先生的庭院"

日本国的黄金

《马可·波罗行纪》是克里斯托弗·哥伦布最爱读的书籍，以至于他一直渴望去日本国寻找黄金。尽管事实上，马可·波罗从未到过日本国，但他却在书中描述了日本国岛，并提及了岛上完全由金板覆盖的华丽宫殿。克里斯托弗·哥伦布对此深有感触，并将日本国列为他前往印度的最主要目标之一。

在东方游历

马可·波罗的历险并非孤例。在十三世纪，还有其他欧洲人以商人、传教士、外交大使名义前往东方。我们几乎对这些人一无所知，因为他们很少留下印记。方济各会传教士若望·柏郎嘉宾撰写的《鞑靼蒙古史》和方济各会传教士鲁不鲁乞撰写的《鲁不鲁乞东游记》是其中为数不多的两件证据。

版本选择

我们总共有一百四十三份书稿，这些书稿为我们提供了多种不同的版本。一九三八年，穆勒教授和伯希和教授出版了囊括现存所有版本的集成本。这本汇编首先以英文出版，并于一九五五年，由路易·昂比斯译成了法语。这一译本后来经史戴文·耶拉西莫斯加注，并由发现出版社冠以《寰宇记》为书名出版。本书即以《寰宇记》作为编辑的基础依据。对我们来说，描绘马可·波罗生平的最大困难在于，如何区分他的所见和所闻。比如，他在讲述索马里城市摩加迪沙、桑给巴尔岛、埃塞俄比亚和也门城市亚丁的时候，都掺杂了一些虚构的故事，因此我们认为，他很可能从没去过那些地方。于是，就把这些段落从书中删除了。尽管马可·波罗并没有在书中提及最后重逢的那一幕，我们却采用了乔万尼·巴蒂斯塔·拉穆西奥对故事的扩展。

马可·波罗真的到过中国吗？

在十三世纪，许多人都怀疑马可·波罗的说辞。在马可·波罗临终忏悔时，人们要求他纠正其中言过其实的部分。但马可·波罗回答，他只叙述了所见事物的二分之一。如今，仍有少数学者认为，马可·波罗从来没有到过中国，他只是道听途说而已。这些人的依据是：忽必烈的官文中和中国的史书中都从未出现过马可·波罗的名字。他们还质疑马可·波罗为何从未提及长城、茶叶。但大多数历史学家依然坚信，马可·波罗确实到过中国。

虚构出来的马可·波罗鞑靼服饰像

图片来源

18 左：《圣马可广场的马》，威尼斯。©ANA/Atlantide；中：《正在为人驱魔的格拉多主教》，维托尔·卡尔巴乔，1494年，学会艺廊，威尼斯。©AKG/S. Domingie-M. Rabatti。

19 左：《黄金宫的祭坛》，拜占庭艺术，五世纪，金银珠宝，圣马可教堂，威尼斯。©AKG/E. Lessing；右：《商人》，细密画，十四世纪，老楞佐图书馆，佛罗伦萨©Scala。

30 左上：《蒙古包》，蒙古阿尔泰山脉。©Hoa-Qui/Explorer/P. Le Floch；左中：《那达慕》，蒙古乌兰巴托。©Hoa-Qui/Buss Wojtek；左下：《骑士决斗》，蒙古乌兰巴托。©Hoa-Qui/Buss Wojtek；中：《成吉思汗画像》，拉希德·阿尔-丁的《史集》中的波斯细密画，十四世纪，法国国家图书馆，巴黎。©AKG。

31 左：《成吉思汗出猎图》，中国绢画。©AKG；右：《蒙古骑士》，拉希德·阿尔-丁的《史集》中的波斯细密画，十四世纪，法国国家图书馆，巴黎。©AKG。

42 左：《商队中的波罗一家》，1375年加泰罗尼亚人手绘的《地图册》，大英图书馆，伦敦。©Bridgeman/Giraudon/British Library；上：《丝绸和金纸》，元朝，十三世纪到十四世纪，中世纪博物馆，巴黎。©RMN/J. G. Berizzi；中（和第5页）：《骆驼骑士》，彩陶，唐朝，吉美亚洲艺术博物馆，巴黎。©RMN/Th. Ollivier。

43 上《帕米尔高原》。©Gettyimages/Pix/Keren Su；中：《塔克拉玛干沙漠》。©Gettyimages/Pix/Keren Su；下：《丝路上的驿站》，吉尔吉斯斯坦。©AKG/J. Sorges。

52 上：《菩萨》，绢画，七世纪，莫高窟，敦煌。©Bridgeman/Giraudon；下：《莫高窟》，敦煌。©Sunset；中：《释迦牟尼》，镀金设彩木雕，十三世纪，莫高窟。©RMN/R. Lambert。

53 上：《马可·波罗与两位教徒》，1350年的细密画，大英图书馆，伦敦。©AKG/British Library；下：《西安的大清真寺》。©Bridgeman/Giraudon/Alinari。

62 左：《儿童塑像》，彩陶，十三世纪，元朝，亚洲艺术博物馆，巴黎。©RMN；下：《羊》，水墨画，赵孟頫，元朝，费瑞尔艺廊，史密森尼学会，华盛顿。©Bridgeman/Giraudon；中：《忽必烈出猎图》，水墨绢画，刘贯道（1270—1300年），故宫博物院，台北。©Bridgeman/Giraudon。

63 右：《演员》，彩陶，元朝，中国焦作出土，国家博物馆，北京。©Magnum/E. Lessing；右下：《忽必烈时期银票复制品》《马可·波罗的书》（耶鲁出版社，1903年）的插图。©Bridgeman/Giraudon。

72 上：《漓江》。©AFP/Pictor；中：《黄河》。©Corbis/Sygma/M. Yamashita。

73 中：《河》。©Hoa-Qui/Explorer/J. Brun；上：《熊猫》，四川，中国。©Corbis/Sygma/Keren Su；下：《缅甸蒲甘的寺庙》。©Hoa-Qui/Ch. Boisvieux。

80 左：《双嘴壶》，宋朝，吉美亚洲艺术博物馆，巴黎。©Bridgeman/Giraudon/Lauros；上：《缠足的中国女人》。©Corbis/Sygma/J. Wishnetshy；右下：《青瓷瓶》，宋朝，菲兹威廉博物馆，剑桥大学。©Bridgeman/Giraudon。

81 中：《山》，水墨绢画，马远。©Bridgeman/Giraudon；上：《金头饰》，宋朝，十世纪到十一世纪，东方青铜有限公司，伦敦。©Bridgeman/Giraudon。

90 下：《印度商人》《马可·波罗行纪》中的细密画，布锡考，法国国家图书馆，巴黎。《丁香》《茴香》《白胡椒》《生姜》《肉豆蔻》《姜饼》。©P. Léger/Gallimard。

91 上：《采胡椒》《马可·波罗行纪》中的细密画，布锡考，法国国家图书馆，巴黎；《绿胡椒》《藏红花》《小豆蔻》《肉桂》。©P. Léger/Gallimard。

102 上：《坦贾武尔德神庙》，印度。©Corbis/Sygma/F. Soltan；下：《黑天与罗陀》，印度细密画©Corbis/Sygma/C. Sheldan；中：《朱罗的舞神湿婆》，印度铜器，十二世纪到十三世纪。©Bridgeman/Giraudon。

103 上：《布里哈迪希瓦拉神庙》，坦贾武尔，印度。©Corbis/Sygma/F. Soltan；下：《巴达米的湿婆瑜伽学校神庙》。©Corbis/Sygma/F. Soltan。

114 上：《狗头人》《马可·波罗行纪》中的细密画，布锡考，法国国家图书馆，巴黎。©Bridgemant/Giraudon；中：《神话中的种族》，《马可·波罗行纪》中的细密画，布锡考，法国国家图书馆；下：《哈喇章的怪物》，《马可·波罗行纪》中的细密画，布锡考，法国国家图书馆，巴黎。

115 《世界地图》1283 年版，十九世纪复刻。©AKG；上：T 形地图，十二世纪，大英图书馆，伦敦。©Bridgeman/Giraudon/British Library。

116 《马可·波罗的家》，威尼斯。©B. Cavanagh/ANA。

117 《身穿鞑靼服饰的马可·波罗》，水彩画，十八世纪，科雷尔博物馆，威尼斯。©Giraudon。